LE FRANÇAIS PARLÉ

 *Etudes Romanes 47*

Rédaction : Hans Peter Lund

INSTITUT D'ÉTUDES ROMANES
UNIVERSITÉ DE COPENHAGUE

Le français parlé

Corpus et résultats

Actes du colloque international
Université de Copenhague
du 29 au 30 octobre 1998

Recueillis et publiés par
Hanne Leth Andersen
et Anita Berit Hansen

MUSEUM TUSCULANUM PRESS
UNIVERSITY OF COPENHAGEN
2000

Le français parlé: corpus et résultats

© Museum Tusculanum Press et les auteurs 2000
Etudes Romanes vol. 47
Edité par Hanne Leth Andersen & Anita Berit Hansen
Mise en pages: Nils Soelberg
Imprimé au Danemark par AKA Print, Aarhus

ISBN 87 7289 563 2
ISSN 1395 9670

Publié avec le soutien financier de
l'Ambassade de France au Danemark et du
Conseil de recherche des lettres et sciences
humaines du Danemark

Museum Tusculanum Press
Université de Copenhague
Njalsgade 92
DK-2300 København S
Danemark
www.mtp.dk

Table des matières

Avant-propos 7

Méthodes
Dominique Willems : Le rapport entre théorie et données. Le cas du passif en français 13
Françoise Gadet : On n'en a pas fini avec les problèmes de recueil de corpus 29
Anita Berit Hansen & Isabelle Malderez : La négation en français parlé – une enquête en région parisienne 45

Phonétique et prosodie
Isabelle Malderez : L'analyse de la variation phonétique de corpus de français parlé: problèmes méthodologiques 65
Mary-Annick Morel : Complémentarité des indices du plan segmental et du plan suprasegmental dans l'oral spontané en français 89

Syntaxe
Lene Schøsler : Le statut de la forme zéro du complément d'objet direct en français moderne 105
Bart Defrancq : Un aspect de la subordination en français parlé : l'interrogation indirecte 131
Hanne Leth Andersen : Discours rapporté en français parlé : rection du verbe de citation et éléments délimitant la citation directe 143

Pragmatique et acquisition
Maj-Britt Mosegaard Hansen : La polysémie de l'adverbe *déjà* 157
Suzanne Schlyter : Acquisition du français parlé. Une comparaison entre apprenants formels et informels. 179

© *Le français parlé*

Avant-propos

Le colloque intitulé *Le français parlé : corpus et résultats* s'est tenu à l'Institut d'Etudes Romanes, Université de Copenhague, du 29 au 30 octobre 1998. Thème général de ce colloque : les différentes méthodes utilisées dans le travail à partir de corpus de français parlé et les résultats qui en découlent pour les différents domaines de l'analyse linguistique. Nous avons le plaisir de présenter dans ce volume la quasi-totalité des contributions, réparties dans les domaines suivants : la méthodologie générale, la description phonétique et prosodique, la syntaxe, la pragmatique et l'acquisition.

Les progrès techniques de ces dernières décennies ont rendu possible la constitution de grands corpus électroniques de données linguistiques. La linguistique sur corpus a, en effet, connu un véritable essor international dont témoigne par exemple la nouvelle revue *International Journal of Corpus Linguistics* (1996-). Les études sur le français parlé ont également profité de ce développement, et plusieurs groupes de recherche au niveau international se sont constitués autour du travail sur corpus : le Groupe Aixois de Recherche en Syntaxe (le GARS), dirigé par Claire Blanche-Benveniste, avec la revue *Recherches sur le français parlé* (1977-), et le groupe de Mary-Annick Morel à Paris III. Ces deux équipes ont notamment beaucoup encouragé le travail international sur le français parlé en mettant leurs corpus à la disposition de leurs collègues à l'étranger. – Au colloque de Copenhague nous avions réuni des linguistes qui se sont fait remarquer à la fois par leurs résultats scientifiques et par la façon dont ils ont relevé le défi que pose l'étude du français parlé (recueil de données, transcription, organisation électronique.) L'un des buts du colloque a été de discuter avec eux non seulement les résultats de leurs recherches, mais également les problèmes méthodologiques et pratiques liés au travail sur corpus et les possibilités spécifiques offertes par l'accès électronique aux données.

Dans le cadre de la méthodologie, Dominique Willems (Gand) montre dans son article « Le rapport entre théorie et données. Le cas du passif en français » que lorsque les exemples réels forment un ensemble cohérent et représentatif, il est possible d'affiner l'analyse lexicale du passif par la dimension statistique. L'étude de la langue parlée permet en même temps de découvrir de 'nouveaux passifs', de raffiner l'analyse des contraintes et de voir la genèse du passif dans la construction du discours.

Françoise Gadet (Paris X) discute un problème pratique et théorique dans son article : « On n'en a pas fini avec les problèmes de recueil de corpus » : les corpus dont nous disposons actuellement présentent des limitations pour l'étude des phénomènes de syntaxe souvent peu fréquents. Elle insiste sur la nécessité de s'intéresser au rapport entre corpus et conditions de recueil, de varier les genres, et d'étudier, si possible, l'ensemble du répertoire linguistique du locuteur.

L'article d'Anita Berit Hansen (Copenhague) et d'Isabelle Malderez (Paris 7) : « La négation en français parlé - une enquête en région parisienne » présente le cadre méthodologique d'un travail en cours sur le NE de négation. Les auteurs soulignent le besoin d'une enquête parisienne qui prend en compte des types de registres et d'informateurs différents, et esquissent, pour le projet actuel, les avantages obtenus par la combinaison de deux corpus. Le procédé d'analyse est explicité pour illustrer que les grands corpus électroniques ne nous épargnent pas les réflexions théoriques, notamment sur la quantification de NE en tant que variable linguistique.

« L'analyse de la variation phonique de corpus de français parlé : problèmes méthodologiques », d'Isabelle Malderez, traite des diverses façons d'évaluer la variation et le changement phonétiques. En prenant comme exemple principal le chevauchement entre les voyelles moyennes arrondies (/O/, /Ø/), l'auteur propose trois approches complémentaires : l'étude des fautes d'orthographe des enfants du primaire, l'étude de la perception catégorielle de stimulis, et l'étude de la production de deux générations de locuteurs successives (rapports de fréquence entre les variantes utilisées).

Mary-Annick Morel (Paris III) présente dans son article « Complémentarité des indices du plan segmental et du plan suprasegmental dans l'oral spontané en français » une analyse discursive d'un extrait de discussion entre deux personnes. A partir de cette analyse elle dégage la structure des constituants propres à l'oral (le paragraphe et ses composantes : préambule, rhème, postrhème), avec ses marques intonatives et segmentales.

Lene Schøsler (Copenhague) étudie, comme le titre l'indique, « Le statut de la forme zéro du complément d'objet direct en français moderne ». En proposant une typologie de la forme zéro et en insistant sur l'importance du registre, elle montre que l'absence du complément d'objet direct est *aussi* un phénomène de valence : Dans le cadre de l'Approche Pronominale, Lene Schøsler examine environ deux cents verbes (corpus oraux et

Avant-propos

écrits), qu'elle divise en quatre groupes, et montre que la forme zéro « anaphorique » se manifeste surtout pour les acceptions permettant un P1 non humain.

L'article de Bart Defrancq (Gand), « Un aspect de la subordination en français parlé : l'interrogation indirecte », étudie la structure interne de l'interrogation indirecte et les « anomalies » qu'elle peut représenter, dans le but de déterminer si la proposition interrogative indirecte est réellement enchâssée. L'auteur constate que, outre le fait qu'elles sont peu fréquentes dans son corpus, certaines anomalies structurelles peuvent s'expliquer par un déséquilibre entre valeur sémantique et statut syntaxique, alors que d'autres seraient plutôt liées à la structure dite « à attribut ».

Dans son article « Discours rapporté en français parlé : rection du verbe de citation et éléments délimitant la citation directe » Hanne Leth Andersen (Aarhus) traite également d'un aspect de la subordination puisque le choix entre discours indirect et discours direct est présenté comme un choix entre subordination de la citation par rapport à un verbe recteur et subordination du verbe de citation par rapport aux paroles rapportées. Dans le discours direct, ce n'est pas une conjonction de subordination, mais d'autres marqueurs qui délimitent la citation.

Dans « La polysémie de l'adverbe *déjà* », Maj-Britt Mosegaard Hansen présente une analyse sémantique cognitivo-fonctionnelle de l'adverbe *déjà*, en donnant un traitement critique de la classification et de l'interprétation antérieures des divers emplois de cet élément. Pour les divers *déjà*, on peut effectivement arriver à un reclassement en tenant compte des structures cognitives des locuteurs. Si l'on ne peut toujours pas trouver un seul sémantisme de base commun qui permettrait la dérivation de tous les emplois possibles, l'auteur montre que les différents emplois de *déjà* forment un réseau sémantique où chaque sens peut être relié à au moins un des autres.

Avec « Acquisition du français parlé - une comparaison entre apprenants formels et informels », Suzanne Schlyter (Lund) présente les résultats d'une enquête longitudinale sur la façon dont est appris ou acquis le français parlé par de jeunes suédophones. L'auteur montre une variation dans la maîtrise de plusieurs phénomènes linguistiques selon que les apprenants sont formels ou informels. Les différences constatées sont discutées à la lumière de diverses hypothèses dont celle de la complexité des règles grammaticales, et celle de la nature de l'input (oral/écrit).

Une table ronde à laquelle participaient Françoise Gadet, Claire Blanche-Benveniste, Mary-Annick Morel, Isabelle Malderez, et Chantal Lyche (Université d'Oslo) a mis le point final a ce colloque. Nous y avons discuté certaines questions méthodologiques et pratiques liées au travail sur l'oral à partir de corpus enregistrés.

Le premier thème a été celui du genre des données, important pour les résultats et difficile à définir, bien que tout locuteur non-spécialiste semble avoir une compétence pour en décider. Françoise Gadet a souligné qu'il faut bien distinguer entre une classification par l'extra-linguistique et par des critères linguistiques : la première doit rendre compte de la situation (lieu / thème / cadre institutionnel), de l'interaction entre les protagonistes, des circonstances de la communication, de même que du degré de surveillance, lié aux circonstances et au sujet, qui peut être ce que Gadet appelle un sujet à caution. On peut également essayer d'évoquer les genres institutionnels, parallèles aux catégories classiques de l'écrit, mais beaucoup moins bien définis pour l'oral et peut-être différents d'une culture à l'autre. Dans une classification selon des critères linguistiques, par contre, le problème le plus évident est la tendance à mélanger les notions de type, de style et de registre. On peut ajouter, comme l'a fait remarquer Dominique Willems, que la relation entre l'extralinguistique et la linguistique est également compliquée : nous ne connaissons que peu de traits linguistiques caractéristiques d'un certain genre. Cependant, Douglas Biber (*Variation across speech and writing*, Cambridge, 1991) propose une classification intéressante qui distingue 67 types d'écrit et d'oral, mais déduits d'un cadre culturel anglosaxon et qui ne correspondent pas à la culture française. Finalement, Claire Blanche-Benveniste signale qu'il ne faut pas oublier la situation de parodie, genre fréquemment utilisé même par des enfants de cinq ans qui peuvent imiter d'autres registres avec des traits linguistiques qu'on les croyait incapables de maîtriser, comme par exemple le *ne* de négation.

La stratification géographique des corpus oraux est également un problème important dans les enquêtes effectuées. Pour illustrer cette problématique, Chantal Lyche a présenté un projet lancé en collaboration avec Bernard Laks et Jacques Durand. Il s'agit d'une étude sur la phonologie du français contemporain qui sera menée à partir d'un même protocole d'enquête dans différentes parties de la France, de la Belgique et du Canada, avec une douzaine de personnes par point d'enquête. Le corpus sera transcrit en orthographe standard et libre d'accès pour chercheurs intéressés.

Le problème de la transcription s'est avéré extrêmement important et difficile à résoudre étant donné que la présentation des données n'est pas la même pour une étude phonologique et pour une étude syntaxique ou conversationnelle. Mary-Annick Morel a montré un modèle de présenta-

Avant-propos 11

tion tripartite qui permet d'analyser également la mimique et la gestuelle fine, deux informateurs ayant été filmés par deux caméras différentes. Parallèlement à la transcription orthographique, l'équipe de Morel à Paris III propose de montrer les courbes intonatives ; il faut également avoir accès à des informations sur la situation. L'équipe envisage une publication sur CD-Rom des corpus tripartites : transcription, données acoustiques et données visuelles. – Un problème signalé par plusieurs participants est celui de la synchronisation du son et des images. Le logiciel de Philippe Martin a été recommandé de même que celui de l'équipe de Lisbonne (Winpitch).

La publication des corpus ne soulève pas seulement le problème de la forme des données et de leur transcription, mais aussi celui, éthique, de la protection de l'anonymat des informateurs. Isabelle Malderez a donné l'exemple d'un corpus qu'elle a enregistré dans un petit village : en révélant le nom du village, elle a permis à ceux qui s'y intéressent de retrouver par exemple la sage-femme ou le médecin ayant participé à l'enregistrement, ce qui doit être évité. Françoise Gadet a évoqué un problème similaire dans une étude de code-switching où les informateurs mauritaniens ont refusé la diffusion des interviews même à l'intérieur de l'Université de peur d'être reconnus. Il est donc bien clair que tout enquêteur doit vérifier si les informateurs acceptent uniquement l'utilisation des données dans le cadre de l'Université ou éventuellement pour une publication, que ce soit sur internet ou dans le cadre des maisons d'édition. Le chercheur est censé informer chaque participant à l'enquête de l'utilisation possible du corpus, avant ou après l'enregistrement, afin d'obtenir son acceptation.

Ce problème évoque les principes d'accessibilité aux corpus, les conditions d'accès partiel ou total. Claire Blanche-Benveniste représente depuis des années le GARS qui a partagé ses données avec de nombreux chercheurs et étudiants du monde entier, jusqu'ici sans aucune rémunération. La publication sur CD-Rom d'une partie du corpus du GARS est en préparation et l'équipe se déclare encore favorable à accepter des visiteurs tout en protégeant ses propres chercheurs, mais il est bien clair qu'il faut essayer de trouver un moyen de faire payer la mise à disposition des corpus, tout comme c'est le cas quand il s'agit de données écrites. L'accès aux corpus sur internet semble malheureusement dominé par des firmes commerciales ; il faudrait donc à notre avis que les linguistes se mettent à considérer les possibilités de publication de ces corpus oraux en créant des banques de corpus accessibles à des abonnés comme par exemple *FranText* pour le français écrit et *Projekt Bysociolingvistik* (« Projet de sociolinguistique urbaine ») pour le danois parlé. De telles publications permettraient aux chercheurs de ne pas se heurter au problème des données trop limitées pour des études sérieuses, que ce soit en syntaxe, en lexicologie, ou en analyse de conversation. – La qualité des bandes, surtout en vieillissant, est un autre problème, mais qui va sans doute être résolu par la technique. Le problème pratique du stockage des bandes originales reste cependant actuel.

Il est évident, et tous les participants au colloque le confirment, qu'une collaboration internationale autour des corpus de français parlé pourrait présenter de grands avantages non seulement pour l'enregistrement et le choix des informateurs dans le but de développer la représentativité, mais aussi pour la protection des informateurs et des données, la transcription, la publication et l'accès aux corpus. Une telle collaboration faciliterait l'exploitation sérieuse de l'énorme travail que constitue l'élaboration d'un corpus oral.

Hanne Leth Andersen *Anita Berit Hansen*
Université d'Aarhus Université de Copenhague

Le rapport entre théorie et données.
Le cas du passif en français

par
Dominique Willems

1. La problématique des données
1.1. L'aspect construit des données.
Le terme « données » nous semble particulièrement mal choisi dans le domaine de la recherche linguistique. Rien en effet n'y est a priori « donné », tout est à construire. C'est le même constat que fit Ferdinand de Saussure, il y a des années déjà, en parlant de l'objet même de la linguistique. La réalité langagière est en effet hétérogène, infinie, mais néanmoins limitée, dans le sens où, quel que soit le nombre des possibilités, il semble possible d'en établir les contours. Toute collecte de données présuppose une sélection raisonnée, une théorie donc.

De la sorte, la linguistique se présente non pas comme une relation entre deux termes – la réalité langagière d'une part, la théorie, qui cherche à en rendre compte, de l'autre –, mais comme une relation à trois termes, le troisième élément étant une sélection préalable opérée sur la réalité du langage (cf. fig.1). Cette sélection peut prendre la forme d'une *norme* ou d'une idéalisation de cette réalité, elle peut aussi être constituée d'un échantillon représentatif ou d'une sélection « objective ». C'est le *corpus*.

La *norme* peut être de nature externe : esthétique ou sociale dans la tradition grammaticale ; individuelle dans les jugements d'intuition ; statistique dans les sélections basées sur la fréquence. La norme peut aussi être interne au système linguistique lui-même, engendrée par les règles en quelque sorte et se confondre avec le régulier. Dans ce cas la question de son indépendance par rapport à la théorie se pose de façon aiguë.

Le *corpus*, quant à lui, se veut une représentation objective de l'ensemble ou d'une partie de la réalité langagière, conçue comme la somme des énoncés réellement produits. Il est établi – ou devrait l'être – de façon arbitraire par rapport à la théorie linguistique.

En tenant compte des divers types de données, mais sans entrer dans les détails, on pourrait proposer le schéma suivant :

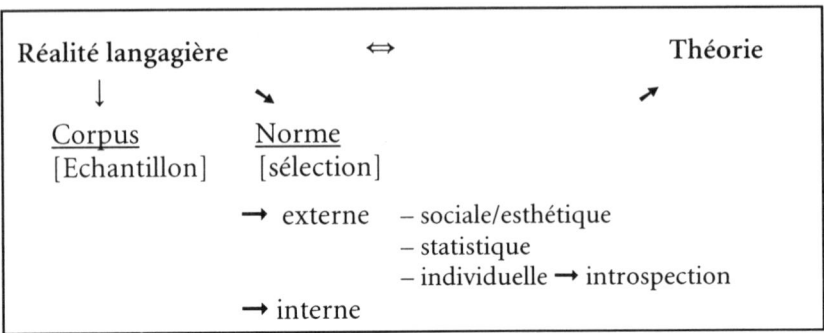

fig. 1

2.2. *La pluralité des données et leur complémentarité, ou quelles données pour quel objet ?*

Du point de vue de leur technique de découverte, les données linguistiques sont essentiellement de deux types : les données d'*observation* d'une part, les données d'*introspection* de l'autre. A cela on pourrait ajouter une troisième catégorie, celle des données « provoquées », qui prennent la forme de *tests langagiers* de toutes sortes, bien représentés dans la recherche psycho-linguistique contemporaine.

Chacun de ces types a ses spécificités, ses avantages et ses désavantages. Alors que les jugements d'intuition cherchent avant tout à délimiter le possible linguistique, les données d'observation dévoilent les productions concrètes, la réalité de l'usage. On pourrait objecter que ces deux types de données répondent à deux objets distincts de la recherche sur la langue : un objet virtuel et mental d'une part, donnant lieu à une science de nature hypothético-déductive ; un comportement observable et mesurable d'autre part, donnant lieu à une science inductive et statistique. Pour notre part, il s'agirait plutôt de deux faces d'une même réalité : l'analyse de l'usage ne prend de sens qu'en la projetant sur l'ensemble des virtualités[1]. L'usage permet par ailleurs de vérifier le bien fondé des hypothèses et leur degré d'adéquation.

Nous aimerions donc surtout rappeler ici la *nécessaire complémentarité* entre observation et introspection. L'observation fournit des données qualitatives et quantitatives précieuses, l'introspection permet des manipulations syntaxiques et lexicales minimales, indispensables à la reconnaissance des éléments pertinents de la structure. L'intuition du descripteur intervient par ailleurs non seulement dans l'établissement des jugements de grammaticalité stricto sensu, mais dans toutes les opérations métalinguistiques d'équivalence, de paraphrase, d'interprétation des données, qu'elles soient d'observation ou d'introspection. Nous avons montré ailleurs (Willems 1985, 1997) l'incertitude fondamentale par rapport aux données – due essentiellement à un manque de réflexion sur leur statut et leur interrelation[2] – et qui devrait nous inciter à la prudence et à la multiplication des types de données utilisées dans la recherche. Dans le domaine de l'intuition, il pourrait être utile d'établir des corpus d'intuitions, des inventaires de jugements de grammaticalité dans des domaines précis (par exemple le passif en français) afin de mesurer les divergences et d'établir une réelle carte des variations. Un « état de la question » nous paraît aussi utile sur le plan des données que sur celui des théories. Cela permettrait par ailleurs de mesurer le lien éventuel entre les deux.

Sans entrer plus en détail dans cette problématique rappelons toutefois qu'un aspect nous paraît essentiel qu'il s'agisse d'introspection ou d'observation : c'est un minimum d'exhaustivité et de systématicité dans la recherche des données.

2.3. Les données de corpus.
2.3.2. Disponibilité.
En ce qui concerne les corpus, une première constatation s'impose : avant d'organiser ces données, il faut en premier lieu pouvoir en disposer. Combien de chercheurs, faute de disposer de corpus accessibles et utilisables, se rabattent sur les corpus commerciaux en particulier celui des journaux (*Le Monde* et autres), très utiles mais nécessairement incomplets ? Il est urgent, nous semble-t-il, de constituer pour le français un corpus de « référence » (comme il en existe pour l'anglais ou le portugais par exemple), accessible à tous et aisément exploitable. La constitution d'un tel échantillon « général » de textes (oraux et écrits) nous confronte avec le problème de l'hétérogénéité de la réalité langagière et la nécessité d'une stratification des textes selon des paramètres précis. Paramètres textuels et contextuels qu'une bonne théorie des textes devrait pouvoir nous fournir. Le problème ici est sans doute de savoir quel degré de sophistication introduire, en d'autres mots où s'arrêter dans la sous--classification[3], et quel équilibre rechercher (entre autres la proportion langue écrite/langue parlée).

A côté des corpus de textes (au sens large), qui représentent en quelque sorte les données langagières brutes et contextualisées, d'autres relevés sont également indispensables (en particulier dans le domaine de la recherche syntaxique) : il s'agit des données organisées, représentant la langue plutôt que la parole : les dictionnaires de structures, lexiques et dénombrements complets de toutes sortes. En 1969 déjà, dans son introduction au *Dictionnaire des verbes français* (J.P. et J. Caput, Larousse, Paris), R.-L. Wagner écrivait : « Parmi les raisons qui expliquent la lenteur et l'irrégularité des progrès de la grammaire, l'une est sans doute que les grammairiens ne se sont jamais donné les instruments de travail très simples mais indispensables qui leur auraient permis de limiter et de nuancer les définitions. Depuis les Grecs ils ont construit des exemples, extrait des citations et opéré sur cette maigre matière, avec quelques notions, sans paraître accorder le moindre intérêt au principe des dénombrements complets (...). On admettra que l'analyse structurale aurait progressé plus vite si les tenants de cette méthode avaient eu davantage de repères et de références concernant le nombre, les caractères et le comportement des unités lexicales auxquelles ils ont affaire. »

Dans le cadre de la comparaison des langues, les données font également cruellement défaut. Qu'il s'agisse de corpus multilingues parallèles (de traduction) ou comparables (thématiquement proches), les données élémentaires manquent encore ou sont inutilisables par manque d'harmonisation des supports techniques utilisés. Des initiatives – au niveau européen – devraient d'urgence être prises à ce sujet[4].

2.3.3. Organisation.
Une fois les données de base disponibles, il s'agit pour chaque chercheur d'établir son propre échantillon d'après l'objectif précis de sa recherche. Pour donner un exemple simple, le chercheur ayant choisi l'interjection comme domaine de recherche ne saura que faire des textes écrits juridiques ou économiques. Par contre, les bandes dessinées, l'oral informel feront sans aucun doute partie de son échantillon de textes. Il s'agit en quelque sorte de découvrir les données « névralgiques » permettant de dégager des tendances ou de vérifier des hypothèses théoriques. Une dialectique fragile et difficile s'établit entre objet de recherche et données disponibles. Le choix et l'organisation de celles-ci dépendront donc tant du corpus de référence lui-même que d'une réflexion sur l'objet d'étude. Ce choix sera par ailleurs souvent révélateur de la créativité du chercheur.

2.3.4. Exploitation.
L'utilisation de données langagières réelles, nombreuses et contextualisées, permet une confrontation des hypothèses théoriques avec une réalité

indépendante et complexe. Ceci mène fréquemment à des constatations surprenantes et à des remises en question. Le corpus permet en effet d'introduire des dimensions (et des questions) nouvelles. Trois éléments en particulier nous paraissent mériter une réflexion : (1) la fréquence et son interprétation ; (2) le traitement de la variation ; (3) l'influence du co(n)texte.

La dimension statistique est incontestablement un des grands avantages des données de corpus. Elle permet entre autres de mesurer le degré de lexicalisation des phénomènes morpho-syntaxiques. Plus que la fréquence brute, c'est sans doute la dimension comparative qui ouvre des perspectives interprétatives intéressantes. Le problème méthodologique du comptage d'une part, celui de l'interprétation des données statistiques d'autre part, restent toutefois ardus. Signalons en particulier l'importance de l'analyse de la fréquence dans les études contrastives : si diverses langues présentent souvent des phénomènes grammaticaux identiques, de grandes différences peuvent se apparaître dans les fréquences relatives.

L'établissement de corpus étendus et divers pose inévitablement le problème de la variation et de son interprétation. Les rares études existantes insistent toutes sur la complexité des facteurs intervenant dans le choix de l'une ou de l'autre forme et la coexistence de tendances diverses à l'intérieur d'un même type de texte.

« Parsimony with context may lead to error », proclamait D. Bolinger en 1968 déjà. Les données de corpus permettent de mesurer l'impact des contraintes discursives sur l'apparition de certaines structures. Elles permettent aussi d'appréhender les problèmes de sens de manière moins intuitive. Il reste bien sûr à théoriser minimalement la notion de contexte utile.

2.4. Les données orales.
L'introduction récente (à certaines exceptions près) de données orales dans l'analyse linguistique ajoute à l'objet d'étude au moins deux dimensions supplémentaires. Les conditions spécifiques de production de l'oral spontané permettent en effet une réflexion sur la genèse de la parole, sur les processus mentaux mis en œuvre lors de la production, sur la manière dont le sens est continuellement créé et recréé dans le discours. L'aspect interactionnel, omniprésent à l'oral, oblige d'autre part le linguiste à porter son attention tant sur la réception que sur la production et sur les mécanismes complexes de la communication plurielle.

Sans bouleverser fondamentalement les acquis des analyses antérieures, la prise en compte des productions orales permet par ailleurs souvent de nuancer les résultats des analyses proposées à partir de l'écrit, de déplacer les limites syntaxiques et lexicales de certains phénomènes. Elle laisse aussi apparaître des zones floues où l'usage est hésitant et oriente vers une conception plus complexe de la notion de compétence linguistique.

L'étendue de la variation à l'oral nous oblige à reposer le problème de l'homogénéité, de l'impact du contexte et de la cohérence des connaissances linguistiques.

2. Le cas du passif

2.1. La tradition grammaticale.
Les grammaires présentent, sur le plan des données et de leur rapport à la théorie, des différences internes intéressantes. Si certaines, telle l'*EGLF* de J. Damourette et E. Pichon – du moins pour ce chapitre – semblent partir de l'observation d'exemples réels, en général les données présentées sont largement choisies en fonction de la théorie proposée. Il est intéressant de comparer également la gestion des exceptions chez les divers auteurs. Les grammaires nouvelles des années 90[5] témoignent d'une évolution spectaculaire : un raffinement considérable des données d'une part, une intégration plus complète des acquis de la théorie linguistique contemporaine d'autre part. Nous nous contenterons ici de présenter une petite sélection des grammaires, choisies en fonction de la diversité des approches.

2.1.1. Le Bon Usage (13) illustre bien l'approche transformationnelle du passif : les données sont présentées à partir de l'actif, que ce soit dans le chapitre sur la forme de la phrase (ex. 1) ou celui de l'identification de l'objet direct (ex. 2). Dans l'exemple (3), l'absence du complément d'agent est même expliquée à partir de la présence d'un « on » dans la phrase active correspondante :

(1) Marie a interrogé le facteur-Le facteur a été interrogé par Marie
   (BU[13] § 215b, la forme de la phrase)

(2) La grève paralyse les transports en commun ▸ Les transports en commun sont paralysés par la grève (BU[13] § 275, identification de l'objet direct)

(3) On interrogea l'accusé ▸ l'accusé fut interrogé
   « Si le sujet du verbe actif est *on*, ce pronom disparaît dans la mise au passif, lequel, dès lors, ne comprend pas de complément d'agent » (BU[13] §742)

Dans le traitement des exceptions, la grammaire distingue les cas où le passif est impossible (notamment avec les verbes *avoir, comporter, pouvoir* et *valoir*) de ceux où il « est rare ou assez rare sans être impossible » (ex. 4) :

Le rapport entre théorie et données : le cas du passif en français 19

>   (4) J'ai trouvé une montre ▸ Une montre a été trouvée par moi
>   « Cette forme paraît gauche. Mais elle est justifiée notamment si on veut marquer une opposition (...) » (BU[13] §742b)

Dans les cas de tension entre norme et usage, la grammaire choisit résolument pour l'usage dans le cas de *concerner* (ex. 5), mais rejette comme « contraires à l'usage régulier » les exemples attestés de passifs pour les verbes transitifs indirects (ex. 6). Il est intéressant de noter sur ce point l'introduction depuis la douzième édition d'un nouveau signe diacritique précédant les énoncés attestés mais n'appartenant pas au français régulier (°) :

>   (5) « *Concerner* à la forme passive est condamné par l'Académie depuis le XVIIIième siècle. Déjà Littré avait pris la défense de cet emploi au nom de la grammaire et au nom de l'usage. Les adversaires, l'Acad. en tête, n'ont pas désarmé, tantôt parce qu'ils y voient une transposition de l'anglais, tantôt parce qu'on y recourt trop souvent, notamment de façon absolue (c'est-à-dire sans complément d'agent). L'usage n'a cure de ces résistances (...) » (ibid., p. 1122)
>
>   (6) « Des exemples comme les suivants sont contraires à l'usage régulier
>   ° Le P. de Lézey a été succédé à Koyama par le P. Iwashita (Claudel)
>   ° La première chute d'Emma est résistée (Flaubert) (...) » (ibid., p.1123)

2.1.2. Dans la *Grammaire de la phrase* de Le Goffic (§135), le passif est traité sous les constructions du verbe *être* et l'auteur s'oppose explicitement à la conception purement transformationnelle du passif : « Le passif est une structure attributive, à considérer pour elle-même (et non pas seulement en tant que structure obtenue par transformation à partir de l'actif). » Les exemples présentés illustrent ce point de vue : le complément d'agent n'apparaît que dans le cinquième exemple (et encore entre parenthèses...) et dans la première série d'exemples proposée figure une pronominalisation du participe passé, propriété qui rapproche la structure de l'attribut (ex. 6) :

>   (1) « Comment Candide fut élevé dans un beau château, et comment il fut chassé d'icelui » (Voltaire, cité par Le Goffic §135, Le passif)
>   (2) Le président X a été assassiné
>   (3) Ma voiture a encore été esquintée cette nuit (familier)
>   (4) Toutes les mesures nécessaires ont été prises
>   (5) Trois personnes ont été blessées (par l'explosion)
>   (6) Paul a été battu par Jacques, et Max l'a été [a été battu] par Joseph

Notons aussi sur le plan de la sélection des données la mise côte à côte de citations littéraires, d'un exemple caractérisé comme familier (la présence du verbe *esquinter* ?) et d'exemples forgés.

2.1.3. Damourette et Pichon (EGLF vol.V, §1966-) proposent un grand nombre d'exemples d'observation d'époques variées. Ils parcourent systématiquement les diverses constructions verbales et on ne peut qu'être frappé par le nombre restreint d'exemples présentant un complément d'agent. Théoriquement aucun rapprochement n'est fait a priori avec la structure active correspondante. Le passif est défini essentiellement par le fait que le patient est le repère du phénomène verbal (§1966) bien que curieusement les exemples, tant anciens que modernes, soient systématiquement « traduits » au moyen de la structure active moderne correspondante (ex. 1 et 2). Le lien implicite avec l'actif correspondant ressort également de l'analyse des compléments, où on distingue ceux « qui ne sont touchés ni syntaxiquement, ni sémantiquement par la transposition possible de l'actif au passif et inversement » du complément d'agent : « le repère de l'actif (...) devient au passif un écart qu'on peut appeler écart agentiel, et qui est l'expression de l'agent du passif. » La richesse des exemples permet aux auteurs de nuancer et d'élargir le champ d'application du passif (aux transitifs indirects cf. ex. 3) et de mettre en lumière l'existence de passifs complexes (ex. 4) :

> (1) « De nos pechiez *somes* si *avoglet*
> La dreite vide nos font tresoblider » (La vie Saint Alexis, 194)
> Sc. « Nos péchés nous aveuglent tant qu'ils nous font tout à fait oublier la rectitude de la vie. »
>
> (2) « En cas de conflits graves, les troupes anglaises d'Egypte *sont prévenues* télégraphiquement et arrivent par avions » (M. Barré, La Palestine actuelle in Mercure de France, 1934, p. 61)
> Sc. « on prévient les troupes »
>
> (3) « Je ne sais même pas si je serai livrée » (Mme O, le 5 juin 1914)
>
> (4) « Ça vaut la peine d'être allé voir » (M.P., le 27 janvier 1924)

Parmi les nombreux exemples proposés, deux ont particulièrement retenu notre attention : ainsi à partir de l'exemple exceptionnel sous (5) :

> (5) « Il rapporte même l'observation d'un enfant hérédosyphilitique phtisique guéri *par lui par le mercure* » (J. Mercier des Rochettes, Contribution à l'étude des rapports de la tuberculose et de la syphilis héréditaire, chap. I, p. 16)

les auteurs proposent une analyse intéressante du statut différent des deux compléments en *par*. L'exemple (6) illustre quant à lui l'utilisation d'un

Le rapport entre théorie et données : le cas du passif en français 21

passif dans une structure à objet direct – structure théoriquement impossible en français – et est rejeté par les auteurs sur base de considérations normatives[6] :

> (6) « La phrase que voici, sortie de la bouche d'une Basse-Bretonne, ne peut être considérée comme de français normal : Il a été vu la gorge aussi, monsieur » (Mme XD, le 28 novembre 1934)

Les auteurs ajoutent la transcription phonétique, ainsi que l'indication prosodique : « pausette avant : la gorge » menant à une réflexion sur le statut syntaxique du complément *la gorge*.

2.1.4. La *Grammaire méthodique* (pp. 433-44) présente avant tout une synthèse des acquis récents en linguistique dans le domaine du passif et est de ce fait représentative de la nouvelle grammaire française[7] proche de la recherche théorique décrite sous 2.2.

2.2. La théorie linguistique.
Il est particulièrement intéressant de voir combien l'évolution des théories sur le passif est liée à l'utilisation de nouveaux types de données. Dans l'histoire linguistique récente plusieurs étapes peuvent ainsi être distinguées.

2.2.1. La technique des paires minimales et son impact sur la théorie du passif.
La conception différente de l'objet concret de la linguistique, en passant de l'ensemble des phrases réellement observées à l'ensemble des phrases possibles, mène le linguiste à scruter systématiquement le domaine du possible et à tenter d'en établir les limites.

La confrontation de paires d'exemples contrastant minimalement permet en plus sur le plan explicatif de mesurer l'impact de certains facteurs sur la possibilité de réalisation d'une structure syntaxique. Cette technique – courante depuis l'introduction de la grammaire générative – a permis, en ce qui concerne le passif, de décrire avec précision les limites du phénomène tant dans le domaine du lexique verbal (ex. 1) que dans celui des SN concernés (ex. 2). Elle a par ailleurs mis le doigt sur l'impact interprétatif de la présence d'un élément de quantification (ex. 3 et 4) : les exemples – proposés originairement par R. Jackendoff – ont été repris et traduits dans diverses langues et ont profondément ébranlé la théorie transformationnelle du passif[8] :

> (1) Cette affaire concerne Jean – Jean est concerné par cette affaire
> Cette affaire regarde Jean – *Jean est regardé par cette affaire

(2) Jean habite Paris – * Paris est habité par Jean
Des millions de gens habitent Paris – Paris est habité par des millions de gens
L'esprit de Baudelaire habite Paris – Paris est habité par l'esprit de Baudelaire

(3) Une seule flèche n'a pas atteint la cible – la cible n'a pas été atteinte par une seule flèche (R. Jackendoff)
Un seul étudiant n'a pas vu le film – Le film n'a pas été vu par un seul étudiant (cf. *Grammaire Méthodique*, p. 434)

(4) Peu d'hommes lisent beaucoup de livres – peu de livres sont lus par beaucoup d'hommes

2.2.2. *L'exhaustivité par rapport aux constructions et au lexique : la découverte de nouveaux passifs et de diverses sous-classes.*

Une recherche plus exhaustive par rapport aux diverses structures et au lexique verbal a permis la découverte de « nouveaux » passifs, rompant le lien traditionnel entre transitivité et passif (cf. ex. 5, repris à N. Rivière[9]) :

(5) Il a été dormi dans mon lit

Les verbes intransitifs, même ceux conjugués avec *être*, admettent le passif sous sa forme impersonnelle. D'autre part, l'alternance systématique des temps verbaux et la prise en compte des compléments « périphériques » de temps ou de lieu, permettent de raffiner l'analyse des contraintes (ex. 6, également repris à N. Rivière) :

(6) Il a été descendu dans ce gouffre pour la première fois en 1702
*Il est descendu dans ce gouffre (N. Rivière)

La variation systématique du lexique verbal rompt par ailleurs l'unité du passif en mettant à jour diverses variantes aspectuelles : ainsi Cl. Blanche-Benveniste (1984) oppose les verbes de phase 1 où la forme passive présente une concordance d'aspect avec la forme active correspondante (cf. ex. 7) et les verbes de phase 2 où les formes actives et passives contrastent en ce qui concerne leur valeur aspectuelle (cf. ex. 8) :

(7) Elle les contient – Ils y sont contenus   (concordance d'aspect)
(8) Ils la construisent – Elle est construite   (non concordance d'aspect)
(Cl. Blanche- Benveniste, 1984, p. 7)

A un niveau micro-lexical on constate que des verbes sémantiquement proches peuvent présenter des différences considérables par rapport à la passivation (cf. Willems 2000). Les contraintes généralement proposées en ce qui concerne l'utilisation du passif (entre autres l'agentivité) sont par conséquent à nuancer : « On est en droit de penser que *regarder* et *écouter*

Le rapport entre théorie et données : le cas du passif en français 23

sont supérieurs en agentivité à *voir* et *entendre*. Ils n'en sont pas moins tous passivables et, paradoxalement, c'est précisément *regarder*, plus agentif que *voir*, qui paraît moins naturel au passif, bien que possible » (D. Gaatone, 1998, pp. 95-96).

2.2.3. La dimension discursive et contextuelle : la découverte des raisons d'emploi du passif.
L'élargissement de l'objet de la linguistique de la phrase isolée au texte et l'introduction relativement récente de la dimension discursive et contextuelle dans l'étude du passif a entraîné un changement important dans le point de vue adopté : l'analyse purement formelle fait place à une réflexion sur les raisons d'emploi de la structure. L'impact pour l'ordre d'apparition des éléments de facteurs tels la structure informative (thème + rhème, pertinence de l'agent), l'isotopie référentielle, la longueur relative des constituants, et des facteurs de simplicité syntaxique (évitement d'une subordonnée relative ou complétive) ou de pertinence stylistique (entre autres introduction d'un contraste) est mis à jour. Les exemples écrits suivants, tous repris à l'étude récente de D. Gaatone sur le passif français, illustrent bien l'influence des divers facteurs discursifs sur l'utilisation de la structure.

(9) Dans un premier temps, les causes de la crise du français en Afrique seront passées en revue (…). Dans un deuxième temps, le problème sera porté pour ainsi dire sur la place publique. La crise du français sera considérée en relation avec la vie politique (…). Pour finir, quelques propositions seront avancées (…) (passifs en série, organisation thématique, agent connu)

(10) Si la maladie n'est pas grave, les soins sont donnés directement par la famille. (rapprochement thématique : soins ↦ maladie)

(11) Dans les régions du centre, l'homme a toutes les licences, mais la femme infidèle est cruellement punie. (symétrie et contraste)

(12) Il n'y avait à Tahelbala qu'une seule photographie. D'abord parce que les oqsiens sont trop pauvres pour se soucier de photographies. Ensuite parce que l'image est redoutée par ces berbères musulmans. (rapprochement thématique : image ↦ photographie)

(13) Pourquoi ce cataclysme ? Il a été provoqué par le raz-de-marée organisé par la puissante et brillante industrie du cinéma américain, mais aussi par l'étreinte mortelle des télévisions. (agent long, rattachement thématique au contexte précédent)

(14) Si le donataire est majeur, l'acceptation doit être faite par lui (thématicité relative du sujet et de l'agent, type de texte).

La mise en discours du passif permet donc d'en préciser le contenu informatif et le rôle dans la cohérence discursive.

2.2.4. Le corpus ou l'observation des emplois effectifs et la réalité statistique.
La dimension discursive nous mène nécessairement vers les exemples réellement attestés. Lorsque ceux-ci forment un ensemble cohérent et représentatif de la réalité langagière, ils permettent de nuancer les raisons d'emploi et d'ajouter une dimension statistique à l'analyse. Ainsi l'étude sur corpus nous montre la grande prépondérance des passifs sans agent (de 66 à 88%, selon les sources et les types de textes) et ce pour diverses langues : la non-expression de l'agent constitue ainsi sans aucun doute un facteur prépondérant dans l'emploi du passif. La dimension statistique permet aussi d'affiner l'analyse lexicale du passif : la répartition des actifs et passifs dans un corpus de langue parlée laisse ainsi apparaître la fréquence élevée de passifs pour les verbes d'émotion du type *être frappé, étonné, choqué, fatigué, ravi, scandalisé* etc. (cf. Cl. Blanche-Benveniste 2000). A l'intérieur même de la classe de verbes de perception on note une fréquence plus élevée pour *observer* que pour *regarder*, pour *remarquer* que pour *voir* etc. (cf. D. Willems 2000). L'ouvrage détaillé de J. Svartvik (1966) sur la voix passive en anglais met bien en lumière les variations lexicales et textuelles dans l'usage du passif.

2.2.5. La langue parlée : les répétitions et ses enseignements.
La langue parlée, de par ses conditions de production spécifiques, permet l'introduction d'un nouveau point de vue sur le passif : celui de sa genèse dans la construction du discours. Il est intéressant de constater que le passif s'emploie régulièrement en complémentarité avec une forme active du même verbe. Les exemples suivants nous orientent vers une nouvelle réflexion sur le rapport entre forme active et forme passive :

(15) La pélicule tu l'*enroules* sur le négatif bon une fois que *c'est enroulé* tu l'enfermes dans la boîte (oral ; Aix-en-Provence)

(16) C'est-à-dire que moi j'ai fait tout contraire – *j'ai élevé* mes enfants tout contraire de ce que *j'ai été élevée* moi (oral ; Aix-en-Provence)

Loin de représenter un choix préalable pour le locuteur, les formes actives et passives se combinent ici et leur succession introduit des symétries significatives (oppositions temporelles ou aspectuelles, effets de contraste). Les exemples illustrent par ailleurs l'intérêt que peuvent présenter pour l'analyse linguistique les répétitions lexicales avec variantes morphologiques ou syntaxiques.

Ce survol rapide des étapes récentes dans la théorie du passif montre à l'évidence l'influence cruciale des données dans l'évolution et leur nécessaire complémentarité si l'on veut aboutir à une théorie qui rende compte à la fois du système et de son usage.

Dominique Willems
Université de Gand

Notes

1. Cf. R.-L. Wagner (*Introduction au Dictionnaire des verbes* de J. et J.P. Caput, p. VI) : « Mais force m'est bien de reconnaître qu'en introduisant dans la grammaire, en vue de mieux faire saisir son fonctionnement, tout ce qu'un système engendre mais est contraint de refuser, ces chercheurs renouvellent de fond en comble une discipline dont le moins qu'on puisse dire est qu'elle languissait à force de tourner en rond. »
2. Rien ne dit que les jugements d'intuition soient du même ordre que la connaissance linguistique en jeu lors de la production de la parole (cf. Schutze, 1996).
3. Cf. certains travaux spécifiques sur la langue juridique, qui distinguent 6 sous-types à l'intérieur même du genre « texte juridique »... (Corpus de l'Ecole des Hautes Etudes Commerciales d'Aarhus).
4. Signalons l'existence depuis 1996 du réseau de recherche international *Collate* (Contrastive linguistics and Language typology in Europe, coordonné par l'Université de Gand), qui réunit un certain nombre de centres de recherches dans le domaine contrastif et se propose comme but entre autres d'harmoniser les normes d'édition et d'échanges des corpus européens, à côté de l'établissement d'une bibliographie commune (cf. site http ://bank.rug.ac.be/contragram).
5. Cf. parmi d'autres *Le Bon Usage (13)* (1993), *La Grammaire Méthodique* (1994), *La Grammaire de la phrase française* (1993).
6. Dans la stratification des données les auteurs placent le français du Paris au-dessus des autres variantes régionales. La mention de l'origine géographique n'est donc pas sans importance. Dans le rapport entre langue parlée et langue écrite, cette dernière jouit également d'un plus grand prestige.
7. Cf. l'avant-propos (p. XVI).
8. Cf. P. Verluyten (1985).
9. L'auteur passe systématiquement en revue les diverses structures verbales et les formes sous lesquelles elles se manifestent pour vérifier la possibilité d'une structure impersonnelle. Plusieurs contraintes généralement acceptées en ce qui concerne l'apparition de l'impersonnel sont de la sorte invalidées par l'auteur (cf. Willems, 1985).

Bibliographie

Aarts, J., (1991) : Intuition-Based and Observation-Based grammars, in : Aijmer, K. & Altenberg, B. (éds.) : *English Corpus Linguistics*. Longman, London, pp. 44-62.

Biber, D. (1991) : *Variation across Speech and Writing*. Cambridge University Press, Cambridge.

Blanche-Benveniste, Cl. (1984) : Commentaires sur le passif en français, in : *Le passif, Travaux du Cercle Linguistique d'Aix* 2, pp. 1-23.

Blanche-Benveniste, Cl. (1986) : La notion de contexte dans l'analyse syntaxique des productions orales : exemples des verbes actifs et passifs. *Recherches sur le Français parlé*, 8, pp. 39-57.

Blanche-Benveniste, Cl. (2000) : L'influence des « genres » sur la répartition des passifs en français parlé, communication présentée au *Colloque sur le passif* (Copenhague, mars 1998), *Etudes Romanes 45*.

Bolinger, D. (1968) : Judgments of Grammaticality. *Lingua* 21, pp. 34-40.

Carden, G. & Dietrich, Th. (1981) : Introspection, observation, and experiment : an example where experiment pays off, in : P. Asquith and R. Giere (éds.) : *Proceedings of the 1980 biennial meeting of the Philosophy of Science Association*, vol. 2, pp. 583-597.

Coppieters, R. (1997) : Quelques réflexions sur la question des données : corpus et intuitions. *Recherches sur le français parlé, 14*, pp. 21-47.

Damourette, J. & Pichon, E. (1911-1936) : *Des mots à la pensée. Essai de Grammaire de la Langue Française*, tome V. D'Artrey, Paris.

Gaatone, D. (1998) : *Le passif en français*. Champs Linguistiques, Duculot, Louvain-la-Neuve.

Grevisse, M. (1993) : *Le Bon Usage*, 13ième édition refondue par A. Goosse. Duculot, Louvain-la-Neuve.

Halliday, M.A.K (1991) : *Corpus Studies and Probabilistic Grammar*, in : K.Aijmer & B.Altenberg, *o.c.*, pp. 30-43.

Keenan, E. (1984) : Passive in the World's Languages, in : Shopen, T. (éd.) : *Language Typology and Syntactic Description 1. Clause structure*. Cambridge University Press, Cambridge.

Lamiroy, B. (1991) : Les deux passifs en français. *Langages* 109 (*Sur le passif*).

Le Goffic, P. (1993) : *Grammaire de la phrase française*. Hachette, Paris.

Pinker, S. & Lebeaux, D. & Frost, L. (1987) : Productivity and constraints in the acquisition of the passive. *Cognition* 26, pp. 195-267.

Riegel, M. & Pellat, J. Chr. & Rioul, R. (1994) : *Grammaire méthodique du français*. PUF, Paris.

Rivière, N. (1981) : *La construction impersonnelle en français contemporain*. Jean Favard, Documents de linguistique quantitative 41.

Schutze, C. T. (1996) : *The Empirical Base of Linguistics. Grammaticality Judgments and Linguistic Methodology*. The University of Chicago Press, Chicago and London.

Siewirska, A. (1984) : *The passive. A comparative Linguistic Analysis*. London.

Svartvik, J. (1966) : *On voice in the English Verb*. Mouton, La Haye.

Verluyten, S. (1985) : La phrase passive, in : Melis, L., Tasmowski, L., Verluyten, S. & Willems, D. (éds.) : *Les constructions de la phrase française, Communication and Cognition*. Gand, pp. 3-90.

Willems, D. (1983) : Sur le rapport entre données et théorie dans l'EGLF de Damourette et Pichon. *Travaux de Linguistique* 9-10, pp. 67-81.

Willems, D. (1985) : La problématique des données et la place de l'exception en syntaxe contemporaine. *Langue Française* 66, pp. 86-98.

Willems, D. (1997) : Données et théories en linguistique : réflexions sur une relation tumultueuse et changeante, in : Bilger, M., van den Eynde, K. & Gadet, F., *Analyse linguistique et approches de l'oral*. Peeters, Leuven-Paris, pp. 79-87.

Willems, D. (1998) : Objet d'étude, théories et données. Sur la place des corpus dans la recherche linguistique contemporaine, communication présentée au colloque « *Questions de méthode dans la kinguistique sur corpus* » (Perpignan, 7-9 mai 1998).

Willems, D. (2000) : Les verbes de perception et le passif, communication présentée au *Colloque sur le passif* (Copenhague, mars 1998), *Etudes Romanes* 45.

On n'en a pas fini avec les problèmes de recueil de corpus

par

Françoise Gadet

Il ne faudrait pas que l'intérêt actuel pour la gestion et l'exploitation des corpus de français parlé laisse oublier que certains problèmes restent mal résolus (voire mal posés). Il s'agit des premières étapes du travail, le recueil des données, leur établissement et leur constitution en corpus (sauf à admettre que récolter un corpus consiste simplement à laisser un micro ouvert quelque part, et à entasser le plus de parole possible).

Même si les problèmes peuvent varier selon les objectifs poursuivis (travail uniquement grammatical, ou à objectif plus spécifique, comme une orientation sociolinguistique), il y a certainement des effets de la qualité des modalités de récolte. Nous allons ainsi nous interroger sur l'intérêt présenté par les corpus, au-delà d'une accumulation de données. On s'intéressera aux incidences de quelques limitations pour l'étude de phénomènes de syntaxe qui, contrairement aux données phonologiques, ont souvent des fréquences moyennes ou peu élevées. Ce sera l'occasion de souligner les différences de fonctionnement entre ces deux dimensions.

On prendra trois illustrations de difficultés, instructives à différents titres, et toutes fortement amplifiées, afin de mettre en jeu des données non standard, auxquelles nous nous intéresserons avant tout ici.

1. Monotonie des corpus constitués

Ce n'est que de façon conjoncturelle que ce premier point constitue une difficulté : il devrait, contrairement aux points suivants, pouvoir être facilement réglé, avec davantage d'exigences placées sur la méthodologie de recueil des données.

1.1. Le symptôme.
On peut observer une certaine monotonie dans les « types discursifs », dans les appartenances sociales, comme dans les localisations d'origine des locuteurs enregistrés dans les corpus constitués dans le but d'étudier un certain phénomène grammatical. En l'occurrence, on parlera ici des corpus dont l'objectif est l'étude du fonctionnement du *ne* de négation, sans doute le phénomène qui a été le plus étudié selon une perspective de « variable » sociolinguistique.

1.2. L'illustration.
1.2.1. Absence de variété dans les corpus.
Nos observations s'appuient sur l'examen d'une dizaine de corpus, constitués entre 1964 et 1997 (pour plus de détails, Gadet à paraître).

Ils sont identifiés géographiquement (sauf assez fréquemment chez les Parisiens). Mais aucun auteur n'effectue de comparaison entre régions : il n'existe pas, à ma connaissance, de tentative pour comparer un même type d'enregistrement d'une région à l'autre. D'un point de vue diastratique, on n'observe pas non plus une grande variété parmi les types de locuteurs enregistrés, avec une sur-représentation des classes moyennes éduquées (explicitement acceptée par Gougenheim et al. 1956, p. 65).

Du point de vue des « genres », la majorité des corpus ayant permis d'étudier *ne* s'appuie sur des « entretiens informels », genre dont l'intérêt semble au-dessus de toute discussion, et qui ne donne lieu à des réflexions que dans quelques rares cas, comme l'article méthodologique de Sankoff & Sankoff[1] 1973, pour qui il relève du « naturally occurring » :

> (1) « Sociolinguists require naturally occurring (rather than linguist-elicited) speech, in order to understand the communicative functions of the linguistic forms used by speakers. » (p. 10)

1.2.2. Spontané/naturel[2].
La remarque de Sankoff & Sankoff vise avant tout à prendre position contre la grammaire générative, et on reconnaît ici un principe de l'ethnométhodologie (plus particulièrement de Sacks), qui a beaucoup influencé la sociolinguistique américaine des années 60. Mais au-delà de ce détail historique, on peut s'interroger sur la signification de « naturally occurring », en particulier quand il est question d'entretiens.

Les « entretiens informels » (ou « interviews spontanés ») en relèvent-ils ? Certainement pas d'un point de vue d'analyse de conversation. Et quelle sorte d'objet social constituent-ils au juste ? Ils ne sauraient être considérés comme des interactions naturelles, réalisées selon des « speech events » socialement identifiables, et du même coup reconnaissables comme tels par les locuteurs. Ils tombent ainsi sous la critique de ce que l'on pourrait appeler un certain « forçage social », ni genre discursif identifiable, ni moment ordinaire de production de vernaculaire[3]. Wolfson 1976 en montre les effets en soulignant la distorsion entre récits produits lors de conversations ordinaires, et récits intervenant dans ces interviews informels (longueur, modalités d'introduction, passages mis en valeur, évaluation finale...).

Il est évidemment difficile d'évaluer ce que de tels « forçages » ont comme incidences sur le matériau linguistique recueilli, par exemple pour le *ne* de négation (uniquement sur les pourcentages d'occurrence ? ou aussi sur les contraintes linguistiques ?). En tous cas, il est certain qu'ils ont des effets sur l'attitude du sujet interviewé, comme le montre dans plusieurs enregistrements la présence d'énoncés comme ceux-ci, qui, par ce qu'ils auraient de déplacé dans une conversation ordinaire, laissent voir que l'étrangeté de la situation n'est pas perdue de vue :

(2) et maintenant / de quoi tu veux que je te parle ?
(3) ça fait pas bientôt 10 mn que je parle ? [propos tenu à un interviewer débutant qui avait avoué sa consigne de récolter au moins 10 mn d'entretien]
(4) allez vas-y / pose tes questions

1.2.3. Absence d'analyse secondaire.
Nous nous contenterons de regretter que les entretiens informels constituent à un tel point le genre dominant, tout en comprenant fort bien qu'ils sont nettement moins contraignants à réaliser que l'observation d'interactions naturelles, et que tout le monde ne peut pas faire porter toutes ses forces descriptives sur le seul stade de la récolte des données[4].

Ce que l'on comprend moins bien, c'est l'absence d'analyses secondaires (appliquer ses propres hypothèses ou analyses au corpus des autres) : quel est l'intérêt de renouveler à différentes reprises des recueils de type semblable et de même genre discursif, par exemple en refaisant de nouveaux entretiens informels ? Une telle démarche ne se justifie qu'avec le désir d'un point de comparaison, par exemple l'hypothèse que certains changements sont intervenus dans une communauté ; on cherche alors à retrouver dans la mesure du possible la même population – voir Thibault & Vincent 1990, qui ré-interviewent 13 ans plus tard tous les interviewés du grand corpus de Montréal 1971 qu'elles ont pu retrouver.

1.3. Les perspectives.

1.3.1. Protocole pour les entretiens.

Il est évidemment exclu de s'interdire de recourir à des entretiens, d'autant plus, dans une enquête à grande échelle, qu'ils sont les seuls à permettre une certaine comparabilité[5]. Mais il nous semble indispensable, d'une part de ne pas recourir qu'à eux, d'autre part d'y imposer certaines précautions, comme il est préconisé dans la méthodologie proposée par Milroy 1987, qui s'appuie sur le concept de « réseau social ». Ce même type de méthodologie sera mis en œuvre par Bourdieu 1993 (ouvrage de plus de 1400 pages, qui ne présente que des transcriptions d'entretiens), qui essaie de se tenir le plus près possible de la procédure (5) :

> (5) « laisser aux enquêteurs la liberté de choisir les enquêtés parmi des *gens de connaissance* ou des gens auprès de qui ils pouvaient être introduits par des gens de connaissance. La proximité sociale et la familiarité assurent en effet deux des conditions principales d'une communication 'non violente'. » (p. 1395)

On peut se reporter à Lyche & Durand (1999) pour un examen critique de différentes méthodes d'enquête sur la langue, de la dialectologie à la sociolinguistique.

1.3.2. Recueil naturel.

Cette limitation dans les genres recherchés incite à préconiser de recueillir des enregistrements les plus variés possibles, dans les situations les plus variées possibles, mais surtout dans des conditions « naturelles » (interactions sociales effectives, socialement appropriées), ce qui ne veut évidemment pas dire automatiquement informelles. On peut observer en effet que lors de l'enregistrement d'interactions naturelles, les exigences du fonctionnement du groupe (on pourrait même dire le contrôle du groupe) s'avèrent l'emporter sur les éventuels effets de l'observation.

Le souhait de recueillir des énoncés naturels ne doit pas inciter pour autant à tenter de recourir à la pratique du « micro caché », pour des raisons éthiques certes, mais aussi parce que la co-opération et la participation donnent généralement de meilleurs résultats. Il est évidemment beaucoup plus exigeant de « payer de sa personne », en consacrant du temps et de l'énergie à son terrain[6] (Lepoutre 1997, qui, pour réaliser son enquête ethnologique, est allé habiter pendant deux ans dans la même cité de banlieue que les jeunes qu'il voulait observer), mais il est probable que les données y gagneront, en qualité et en intérêt.

2. L'accès à l'ensemble du répertoire linguistique d'un locuteur

2.1. Le symptôme.

Les corpus prenant en considération une large palette de variation diaphasique pour un même locuteur (donc établissant l'extension de son répertoire linguistique) demeurent étonnamment peu nombreux, malgré les fréquentes exhortations à les multiplier. S'il ne devait s'agir que d'une difficulté méthodologique, on ne voit pas pourquoi elle ne pourrait pas être surmontée.

2.2. L'illustration.

2.2.1. Observation générale : le paradoxe de l'observateur.

L'observation d'interactions naturelles en situation ordinaire est une des dimensions auxquelles il est le plus difficile à un observateur extérieur d'avoir accès.

D'un point de vue méthodologique, il devrait pourtant s'avérer plus facile d'élaborer un protocole pour le diaphasique que pour le diastratique, puisque la palette de variations concerne un seul individu. Mais c'est le contraire qui se produit : comment suivre un locuteur dans les différentes situations qu'il traverse, surtout pour les situations les plus familières, où la présence de l'observateur tomberait sous le coup du « paradoxe de l'observateur » ? (Labov 1973a) :

(6) « To obtain the data most important for linguistic theory, we have to observe how people speak when they are not being observed. » (p. 113)

Il est pourtant évident que des progrès ont été réalisés par rapport aux premières périodes de cette réflexion, car la solution préconisée par Lindenfeld 1972 ne peut que faire sourire de nos jours :

(7) « the subjects were asked to imagine themselves in two different types of social situations, one formal and one informal. » (p. 80)

Une bonne partie de l'œuvre de Labov et des sociolinguistes, depuis les années 60, constitue d'ailleurs une réflexion sur les moyens de détourner ce paradoxe, ou d'en réduire ou contourner les effets.

2.2.2. Est-il nécessaire de recueillir de la langue au pôle le plus ordinaire ?

On pourrait, par goût de l'argumentation, se demander s'il est indispensable de recueillir de la langue familière : n'y a-t-il pas là un côté « voyeur » (savoir ce qui se passe quand on n'est pas là et qu'on n'a pas à y être), dont les motivations ne seraient pas très saines ?

Je répondrai qu'il y a bien de bonnes raisons pour tenir au recueil de vernaculaire : nous en évoquerons trois, relevant de trois ordres distincts, linguistique, didactique et sociologique.
1) L'un des effets de la standardisation de la langue étant de brouiller la manifestation du système vernaculaire (à cause de la sur-valorisation de la belle langue et de l'écrit, qui tend à introduire chez le locuteur des confusions de système), il reste à tenter d'accéder à une expression de langue la plus naturelle possible (sans nécessairement tomber dans l'illusion d'un point zéro où se laisserait voir un système plus pur) ;
2) D'un point de vue didactique, ce serait sûrement un grand progrès que d'aider les maîtres à avoir une connaissance fine et pertinente de la langue avec laquelle les élèves accèdent à l'école (plutôt que de les prendre soit pour une *tabula rasa* linguistique, soit comme susceptibles de maîtriser d'emblée la langue de Voltaire) ;
3) D'un point de vue sociologique, il peut être intéressant de repérer les mécanismes ordinaires de la sociabilité (qu'est-ce qui se dit dans une conversation de la vie quotidienne ? et quelle en est la fonction sociale ?)[7].

La collecte s'avère particulièrement difficile pour un phénomène intéressant d'un point de vue sociolinguistique, mais difficile à saisir en enregistrement, dans la mesure où son apparition n'est jamais prévisible à l'avance, n'étant en aucune façon déterminée par les traits externes d'une situation.

2.2.3. Phénomènes relevant de la « variation inhérente ».
On peut effectivement observer qu'un même locuteur est susceptible, lors d'une même prise de parole, et la situation n'ayant pas changé, d'avoir recours à des formes linguistiques différentes, tout en disant plus ou moins la même chose. Les exemples n'en sont pas rares, bien qu'ils ne soient pas d'une très grande fréquence.

Une certaine masse d'occurrences est indispensable pour établir si l'orientation de cette variation peut être prévisible, ce qui n'est probablement pas le cas, comme le laissent penser les données dont on dispose, qui relèvent de trois groupes :

- *d'abord une forme non-standard, puis une forme standard*

(8) il savait même pas où qu'elle était la manette pour ouvrir le capot / et le gars il te dit ouais ouais je vérifie l'huile tous les jours / le gars il savait même pas où se trouvait la manette pour ouvrir le capot.

Une explication « simple » qui se présente ici est que le locuteur, sensible au fait qu'il vient d'utiliser une forme non standard, introduit immédiatement une correction, en direction du standard.

- *d'abord une forme standard, puis une forme non standard*

 (9) on demande le chef de gare pour le centre de surveillance / je répète / le chef de gare pour le [sɑ̃də syrvɛjɑ̃s] (annonce dans le RER)

 (10) alors, qui est-ce, qui c'est qui gagne ? (exemple de Söll 1983)

L'exemple (9) peut être interprété comme l'effet d'une répétition (on considère que le message est passé la première fois, ce qui est confirmé par le débit de la deuxième séquence, beaucoup plus rapide). Mais (10) est plus difficilement interprétable (et en tous cas exige de revoir l'hypothèse simple formulée plus haut).

- *variation apparemment aléatoire*

 (11) ils ne sont pas encore arrivés [successivement prononcé a) [insɔ̃pazãkɔrarive] puis b) [ilnəsɔ̃paãkɔrarive] (cité par Sauvageot 1969, qui parle du « caractère composite » du français parlé)
  (il est à noter que dans cet exemple, on ne trouve ni [ilnəsɔ̃pazarive], ni [isɔ̃paarive], qui auraient constitué deux extrêmes)

 (12) les meufs des fois y en a ils le prennent bien et e(lles) rigolent avec nous quoi / mais d'autres ou elles disent rien ou [askas] (= elles se cassent)

Ici, aucune interprétation ne se présente, simple ou non.

La variation inhérente est cruciale dans l'étude des façons de parler des locuteurs, puisque les phénomènes qui en relèvent débordent les interprétations prévisibles dans les modalités théoriques ordinaires de la sociolinguistique (et encore plus de la grammaire).

2.3. Les solutions.

Les études pratiquées sont en général à objectifs limités (pas plus de quelques situations différentes), avec une bien meilleure représentation des situations tournées vers le public : Coupland 1980 enregistre les interactions, en tête-à-tête et au téléphone, d'une employée d'agence de voyage (clients, collègues de l'agence – éventuellement amis -, collègues d'autres agences), et constate qu'elle tend à « accomoder » en direction de son interlocuteur. Même observation chez Trudgill 1986 (p. 7-8), qui étudie ses propres interventions quand il est en train de faire des enregistrements de locuteurs différents. Francisco 1998, au contraire, montre presque uniquement des situations privées. Mais une telle réussite d'observation, assez rare, cumule tellement de hasards que l'on sent qu'elle est difficilement reproductible : Gisèle Francisco veut enregistrer son frère qui vit momentanément avec elle, et se trouve confrontée aux habituelles difficultés ; celui-ci se pique au jeu et l'enregistre, elle, à son insu dans différentes interactions pendant une période d'un mois.

Les orientations des solutions pour accéder au répertoire d'un locuteur ne sont pas très nombreuses. En voici quelques-unes :

1) s'enregistrer soi-même (malgré les difficultés de l'auto-observation) ;

2) obtenir l'accord de quelqu'un qui s'enregistre lui-même, bien qu'il soit difficile de faire accepter les objectifs du linguiste sans provoquer des effets d'auto-surveillance, et des questionnements auxquels il n'est pas forcément facile de répondre. C'est la solution adoptée par Mougeon (trois locuteurs différents sont pourvus au cours de plusieurs mois d'appareils d'enregistrement et de cassettes, à charge pour eux de choisir les moments où ils en feront usage) : mais cette demande est très lourde pour les sujets observés, et ne peut tabler que sur une relation privilégiée ;

3) faire plusieurs interviews successives d'une même personne, en faisant varier les conditions (interviewer – connu ou inconnu, de même origine ou d'origine différente –, situation, sujet traité, degré de formalité...). C'est la solution mise en œuvre par Rickford & McNair-Knox 1994, dont les procédures sont fortement liées aux positions théoriques défendues : en faisant varier l'interviewer, ils se situent en droite ligne de l'hypothèse qu'ils défendent, celle du style influencé par l'audience (« audience design »). Bell (à paraître), sur la même position théorique, met en place un programme ambitieux de ré-interview de plusieurs locuteurs, où il voit le moyen de travailler de façon systématique sur le style (chose très peu, voire pas du tout pratiquée jusqu'à présent), contrairement aux autres procédures qui n'en font qu'une variable parmi d'autres, et probablement pas la plus importante.

Alors que Coupland et Trudgill se situent sur le plan phonologique, les autres travaux cités ici explorent les ressources de la syntaxe.

On conclura que le problème de difficulté de recueil d'un répertoire verbal varié n'est pas que d'ordre méthodologique (comment croire d'ailleurs qu'il n'aurait pas en ce cas déjà été résolu ?). La raison est certainement à en chercher dans la spécificité du diaphasique, qui n'est pas une dimension de variation parmi d'autres.

3. L'obtention de données concernant des phénomènes rares
3.1. Le symptôme.
En phonologie, il est rare que les contraintes ne puissent pas être établies à partir d'un corpus de dimension moyenne (même pour des phénomènes à contraintes de plusieurs ordres, comme la liaison). Mais pour la syntaxe, les occurrences d'un phénomène offertes par un corpus peuvent s'avérer en nombre insuffisant, en particulier quand il s'agit de délimiter la classe affectée ou d'établir des contraintes (c'est le problème bien connu de généraliser à partir d'un corpus).

3.2. Les solutions envisagées.
Plusieurs dimensions de réflexion sont en cause dans cette observation de données en quantité insuffisante sur des points de syntaxe. Il y a d'ailleurs longtemps que certains dialectologues avaient réfléchi sur ce thème, comme Séguy, qui souligne à quel point les données de syntaxe posent des problèmes autres que celles de phonologie :

> (13) « La morale excluant les gadgets d'espion, il faudrait obtenir, à chaque point d'enquête, que le magnétophone fût mis en enregistrement durant les repas, et cela pendant des jours et des semaines, car les faits syntaxiques intéressants n'apparaissent dans le discours que suivant les caprices du hasard, de sorte qu'il faudrait constituer et dépouiller un corpus énorme où l'inutile l'emporterait sur l'utile dans des proportions accablantes. » (1973, p. 84)

3.2.1. Phénomènes linguistiques pouvant être rapportés à certaines situations.
Quelques phénomènes, peu nombreux, sont pragmatiquement identifiables à certains types de situation, ou genres spécifiques[8] (Milroy 1987), qu'il ne reste qu'à tenter d'exploiter :
– les questions : il existe des situations sociales et institutionnelles, et/ou des lieux où l'on pose des questions, comme les interrogatoires, les guichets de renseignements, les services publics, ou des conversations ordinaires (téléphoniques ou non) visant à fixer un rendez-vous[9] ;
– les futurs dans l'exposé de projets d'avenir ;
– les conditionnels dans les hypothèses (Lavandera sur l'espagnol, où le système hypothétique est complexe. Elle demande : « que vous faudrait-il pour être plus heureux que vous ne l'êtes aujourd'hui ? » – cité par Milroy 1987, p. 146) ;

– les négations en réponse à des questions ou des mises en cause polémiques.

Mais pour la majorité des faits syntaxiques, rien de tel, au contraire, puisque la plupart des formes syntaxiques peuvent être contournées (par exemple, pour les relatives : il est possible de parler pendant des heures sans faire appel à des relatives, avec des stratégies d'évitement que tout locuteur sait pratiquer).

Il n'y a aucune raison de s'interdire d'exploiter ainsi la possibilité de concentrer certaines formes pragmatiquement liées à une situation, même si cela doit gauchir légèrement le déroulement de l'interview.

3.2.2. Explorer le non-standard : les contraintes.
La plupart des phénomènes syntaxiques échappant à cette propriété, on se trouve renvoyé aux seules ressources du corpus. Or le manque de repères, en particulier pour des phénomènes non standard peu décrits et pour lesquels on n'a que peu d'intuition, peut accroître les difficultés.

Je vais prendre pour exemple un travail en cours sur des constructions subordonnées en *comme quoi*. Elles ne sont jamais présentées par les grammaires, et mon intuition à leur sujet n'est pas très développée (du moins pour une partie des faits que je n'emploie pas moi-même). Pour le moment, je suis tentée de regrouper les données dont je dispose en trois groupes, avec pour moi une capacité d'intuition décroissante :

1) *comme quoi* suivant un nom (classe la plus nombreuse, apparemment bien admise, et produite par toutes sortes de locuteurs) :
   (14) j'ai eu des échos comme quoi ça bougeait pas mal
   (15) il avait une idée comme quoi le pronom était fondamental

2) *comme quoi* derrière un verbe de modalité du dire (classe elle aussi produite par toutes sortes de locuteurs) :
   (16) je vais leur téléphoner comme quoi j'ai raté mon train

3) extension à tout verbe pouvant être entendu comme « de dire » (classe de locuteurs plus limitée – dite populaire –, et intuition nulle de ma part) :
   (17) c'est ce qui nous a motivé quoi dans le volley / il nous a montré comme quoi le volley c'était un sport genre marrant pas complexé genre ou t'es canon en volley et tu viens ou t'es nul et tu vires

Il s'avère impossible de mettre sur pied des procédures d'élicitation[10] sans disposer déjà de connaissances assez précises sur un champ (et en tous cas sans hypothèse). C'est l'une des prédictions du « principe cumulatif » (18), énoncé par Labov 1973a, et de sa contre-partie (19) :

(18) « The more that is known about a language, the more we can find out about it. » (p. 98)

(19) « With the pleasure of being the first goes the certainty of being wrong. » (ibid.)

3.2.3. Explorer le non-standard : la question du sens.
Considérer que les variantes non standard ne feraient que remplir la même case sémantique avec un autre matériau linguistique conduit à supposer une problématique équivalence du sens, comme en (20), où Coveney 1996 (p. 43) considère que la reformulation (suite à une incompréhension manifeste du premier énoncé) suffit à établir l'équivalence. Mais peut-être y a-t-il d'autres hypothèses, et rien n'exclut une légère modification de sens lors de la reformulation :

(20) tu es d'où ? [silence] d'où / tu es ? (ex. de Coveney 1996)

La question ici posée dépasse largement la linguistique : les variétés standard et non standard laissent-elles place aux mêmes significations ? Sur un tel terrain, on se contente bien souvent d'affirmations généreuses, sans guère de démonstrations.

Le problème se voit particulièrement dans quelques zones très organisées, comme les nuances temporelles ou aspectuelles non standard, difficiles à saisir par des non-natifs du dialecte (Labov 1973b) :

(21) ce type d'article / je l'ai eu fait mais je le fais plus depuis longtemps (= passé éloigné. Usage franco-provençal, qui ne se rencontre pas ailleurs en France).

(22) she been married (= elle est mariée depuis longtemps, et elle l'est toujours. Enoncé de Black English américain, ininterprétable par un Blanc). Cité par Labov 1973b, p. 63.

3.2.4. Procédures d'élicitation.
Devant le nombre insuffisant d'occurrences, on a pu envisager d'en récolter en plus grand nombre, au moyen de procédures « d'élicitation » (Labov 1973a, p. 102, et 1973b). On se trouve ici à la limite du corpus, mais ce serait une vision bien étroite que de s'interdire d'y faire appel.

Cependant, les tests destinés à explorer une forme sont à mettre au point avec prudence, pour au moins trois raisons :

– le locuteur ne comprend pas toujours exactement ce qu'on lui demande, comme dans cet exemple de Labov (cité par Milroy 1987, p. 150) :

(23) can people say round here *we go to the movies anymore* ?
– we say *show* not *movies*.

La question du linguiste portait sur la possibilité de combiner *anymore* à une forme verbale affirmative. De plus, la mécompréhension ne se voit pas nécessairement de façon si claire qu'en (23), et peut donc passer inaperçue, laissant croire à l'enquêteur qu'il a obtenu la réponse cherchée.

– il se manifeste fréquemment une distance entre ce que le locuteur dit vraiment, et ce qu'il croit qu'il dit, ou considère qu'il devrait dire :

(24) tous les ordinateurs sont pas jolis (= aucun ordinateur n'est joli)

Le locuteur qui a prononcé cette séquence dans un contexte qui ne permet pas une autre interprétation, et chez qui on a observé qu'une telle combinaison « quantificateur + négation » était récurrente, interrogé dans un contexte tout à fait différent, affirme que, pour lui, il est impossible que cette séquence revête la signification indiquée entre parenthèses.

– la difficulté d'accès aux intuitions se trouve amplifiée pour tout ce qui concerne le non-standard (principe de formalité de Labov 1973a) :

(25) « Any systematic observation of a speaker defines a formal context in which more than the minimal attention is paid to speech. » (p. 113)

Les difficultés de l'élicitation attestent de l'instabilité du savoir sur la langue, et des effets de la standardisation et de l'idéologie du standard, selon lesquels nous croyons toujours parler mieux que nous ne parlons[11], et de la variation inhérente.

4. Conclusions

Ce que l'on peut observer confirme bien le « principe cumulatif » : seule l'ignorance est dommageable dans une réflexion d'ordre scientifique. Donc, c'est certainement une très bonne chose qu'il y ait de nos jours un vif regain d'intérêt autour des corpus, même si les chercheurs ne s'intéressent pas toujours au lien entre corpus et conditions de recueil (et font comme si les corpus étaient eux-mêmes un donné). On laissera une dernière fois la parole à Labov pour affirmer la nécessité de croiser des modes de recueil dont les défauts sont complémentaires :

(26) « Studies of large urban communities require a variety of different methods of gathering data [...]. Any one method is limited by its characteristic errors, but a combination of methods with complementary sources of error allows us to make strong inferences [...]. » (1994, p. 86)

Nos observations nous ont conduits à revenir, par différentes voies, à la nécessité de varier les genres (nous n'avons pas ici fait de distinction de principe entre type, genre, style, registre...). Ceci semble plaider pour la constitution de vastes corpus multi-objectifs, mais engage aussi des questions attenantes, comme :

– qu'est-ce qu'un « type de discours », ou un « genre discursif » ? Que peut-on attendre de leur diversité, si l'on convient qu'il y a une incidence du genre des données sur les résultats obtenus ?
– où le linguiste trouve-t-il sa place, entre une définition qu'il construirait par le linguistique, une définition qu'il reçoit de sa culture en tant que membre d'une communauté, ou une définition émergeant de la coordination locuteur / auditeur (par exemple, un récit en tant que genre culturel, ou en tant que genre discursif) ?

Françoise Gadet
Université de Paris-X Nanterre

Notes

1. Beaucoup de nos références proviennent des linguistiques britannique ou américaine, où, par tradition de longue date, les chercheurs se sont beaucoup plus préoccupés de méthodologie que dans la linguistique française, malgré quelques exceptions assez récentes, françaises, comme Séguy 1973 ou Blanche-Benveniste & Jeanjean 1986, ou francophones, comme Thibault & Vincent 1990.
2. « Naturally-occurring speech » est peu facile à traduire en français : « naturel » manque de précision, et « spontané » a été trop galvaudé par les phonéticiens. C'est presque de façon négative qu'il serait possible de le définir : tout ce qui ne fait pas l'objet d'un quelconque « forçage social » (voir plus bas).
3. Informel ou pas, l'entretien constitue une difficulté pour le linguiste. Quand ce sont des chercheurs en sciences sociales qui le pratiquent, leur démarche vise à obtenir des contenus portant sur le domaine social (pour une réflexion introductive, voir Blanchet & Gotman 1992), alors que le linguiste recherche avant tout des formes. C'est d'ailleurs pourquoi les linguistes dissimulent généralement leurs véritables objectifs, ce qui les laisse avec le problème de convaincre leurs interviewés qu'ils s'intéressent à ce qu'ils disent.

   Le chercheur en sciences sociales lui-même a tout intérêt à être conscient de la spécificité des situations d'entretien. Voir Bourdieu 1993 (p. 1391), sur l'enquête comme « relation sociale qui exerce des effets sur les résultats obtenus ». C'est d'ailleurs essentiellement sur la critique de l'entretien que l'ethnométhodologie a fondé sa méthode empirique.

4. Le grand classique du recueil de parler vernaculaire, cumulant observations naturelles et entretiens individuels, demeure l'ouvrage de Labov 1972 sur le parler des jeunes Noirs de New York.
5. Tout un chapitre de l'ouvrage de Thibault & Vincent 1990 (p. 45-60) est consacré à la discussion des précautions à prendre lors de ces interviews informels, genre qui leur était imposé par le format d'enquête, repris d'un corpus antérieur.
6. L'ethnologie américaine nous a habitués à ces enquêtes où un chercheur passe de longs mois à se faire accepter (ex. un étudiant passe 6 mois assis sur un escalier de Harlem, avec l'idée que les gens du quartier finiront par s'habituer à sa présence). Même si c'est là un extrême, il semble plus instructif que l'attitude de cette autre étudiante débarquant en France pour travailler sur les banlieues, et déclarant en toute naïveté que si les jeunes lui procurent de bons enregistrements, elle envisage de les rémunérer.
7. Après tout, il n'est pas indispensable que la lecture des corpus constitués à des fins sociolinguistiques ne nous apprenne jamais rien sur le social, sauf ce que l'on a de bonnes raisons de soupçonner déjà (par exemple, que les hommes ne sont pas des femmes, les jeunes pas des vieux, et les favorisés pas des défavorisés).
8. Ceci ne veut pas dire encore qu'il y a pour le locuteur obligation d'utiliser ces formes dans ces situations, mais seulement qu'il y a beaucoup de chances d'en trouver une forte concentration. C'est en effet une particularité de la syntaxe que le rapport entre forme et fonction ne soit pas univoque.
9. Au contraire, les interviews ne sont pas intéressantes de ce point de vue, car les interviewés sont plutôt là pour répondre aux questions que pour en poser.
10. Par exemple, on peut penser à procéder par questionnaire. Mais ceci exige d'avoir déjà suffisamment compris certains ressorts pour savoir les exploiter dans les questions.
11. En plus de dix ans de mise en pratique didactique de l'auto-enregistrement et de l'auto-transcription (phonétique) en situation ordinaire, je n'ai jamais vu un seul étudiant se sous-évaluer à la transcription, mais j'en ai vu énormément se surévaluer (ex. rétablir des e muets ou des liaisons, voire des syllabes avalées ou des *ne* de négation, négliger des assimilations ou des chutes de consonnes...).

Bibliographie

Bell, A. (à paraître) : Back in style : reworking audience design.

Blanche-Benveniste, Cl. & Jeanjean, C. (1986) : *Le français parlé, transcription et édition*. Didier Erudition, Paris.

Blanchet, A. & Gotman, A. (1992) : *L'enquête et ses méthodes : l'entretien*. Nathan Université (collection 128), Paris.

Bourdieu, P. (1993) : *La misère du monde*. Le Seuil, Paris.

Coupland, N. (1980) : Style-shifting in a Cardiff work-setting. *Language in Society*, 9, pp. 1-12.

Coveney, A. (1996) : *Variability in Spoken French. A Sociolinguistic Study of Interrogation and Negation.* Elm Bank Publications, Exeter.

Francisco, G. (1998) : *Etude de plusieurs enregistrements d'une jeune femme en situation familière : quelques phénomènes syntaxiques.* Maîtrise inédite, Université de Paris-X, Nanterre.

Gadet, F. (1998) : Cette dimension de variation que l'on ne sait nommer. *Sociolinguistica* n° 12, pp. 53-71.

Gadet, F. (à paraître) : Des corpus pour *(ne)...pas*, in : *Actes du Colloque de Perpignan*, 7-9 Mai 1998.

Gougenheim, G., Michea R., Rivenc, P. & Sauvageot, A. (1964) : *L'élaboration du français fondamental.* Didier, Paris.

Labov, W. (1972) : *Language in the inner city* ; trad. fr. 1978 : *Le parler ordinaire.* Ed. de Minuit, Paris.

Labov, W. (1973a) : Some principles of linguistic methodology. *Language in Society*, 1, pp. 97-120.

Labov, W. (1973b) : Where do grammars stop ?, in : Shuy, R. (éd.) : *23rd Annual Round Table.* Georgetown University Press, Washington DC, pp. 43-88.

Labov, W. (1994) : *Principles of linguistic change. Internal factors.* Blackwell, Oxford.

Lepoutre, D. (1997) : *Cœur de banlieue.* Odile Jacob, Paris.

Lindenfeld, J. (1972) : The social conditioning of syntactic variation in French, in : Fishman, J. (éd.) : *Advances in the sociology of language*, Vol 2. Mouton, The Hague, pp. 77-90.

Lyche C. & Durand J. (1999) : La variation et le linguiste : méthodes et analyses. Domaines anglais et français. *Carnets de Grammaire* 4, Equipe de recherche en syntaxe et sémantique, UMR 5610, CNRS-Université de Toulouse-Le Mirail.

Milroy, L. (1987) : *Observing and Analysing Natural Language. A Critical Account of Sociolinguistic Method.* Basil Blackwell, Oxford.

Mougeon, F. (1999) : *Les francophones et leurs styles : Variation stylistique dans le français parlé de trois locuteurs du Québec, de l'Ontario et de France*, Thèse NR inédite. Université de Paris-X Nanterre.

Rickford, J. & McNair-Knox, F. (1994) : Addressee- and topic-influenced style shift : a quantitative sociolinguistic study, in : Biber, D. and Finegan. E. (éds.) : *Sociolinguistic Perspectives on Register.* Oxford University Press, New York, pp. 235-276.

Sankoff, D. & Sankoff, G. (1973) : Sample survey methods and computer assisted analysis in the study of grammatical variation, in : Darnell, R. (éd.), *Canadian Languages in Their Social Context.* Linguistic Research Inc., Edmonton, pp. 7-64.

Sauvageot, A. (1969) : Les divers français parlés. *Le français dans le monde*, 69, pp. 17-22.

Seguy, J. (1973) : Les atlas linguistiques de la France par région *Langue française*, 18, pp. 65-90.

Söll, L. (1983) : L'interrogation directe dans un corpus de langage enfantin, in : Hausmann, F.J. (éd.), *Etudes de grammaire française descriptive*. Julius Groos Verlag, Heidelberg.

Thibault P. & Vincent, D. (1990) : *Un corpus de français parlé*. Presses de l'Université Laval, Québec.

Trudgill, P. (1986) : *Dialects in contact*. Basil Blackwell, Oxford.

Wolfson, N. (1976) : Speech Events and Natural Speech : Some Implications for Sociolinguistic Methodology. *Language in Society*, 5, 2, pp. 189-209.

La négation en français parlé
– une enquête en région parisienne

par

Anita Berit Hansen & Isabelle Malderez

Introduction

L'emploi variable du NE de négation en français parlé (*il ne mange pas / il mange pas*) a déjà fait l'objet de plusieurs enquêtes, en France comme au Canada. Avec l'approche variationniste quantitative, les chercheurs ont pu découvrir des taux de maintien de NE assez bas, ce qui a abouti à des hypothèses de disparition graduelle (cf. par exemple Ashby 1981). Gadet (à paraître) signale cependant que la disparité géograhique des enquêtes rend difficile une vue d'ensemble de la situation. Un essai de remédier à cette lacune est offert par Coveney qui compare les pourcentages de maintien de NE trouvés dans les diverses régions (1996, p. 64). Ce qui frappe immédiatement dans la liste de Coveney est la différence entre le français du Canada, où NE est pratiquement absent (0,5% à Montréal, Sankoff & Vincent 1977), et le français de France, où les pourcentages obtenus, dans chaque corpus dans son ensemble, excèdent toujours 18%. A l'intérieur de la France, on peut noter que les études faites dans le Sud (Diller 1983) ou celles qui mélangent plusieurs régions (Gougenheim 1964) ont produit des fréquences de NE plus élevées, soit entre 58% et 78%, que les études faites dans le Nord de la France (Paris (Ashby 1976), Tours (Ashby 1981), Somme (Picardie) (Coveney lui-même 1996)), soit entre 18% et 55%. Nous pouvons ajouter qu'une enquête ultérieure, celle de Pooley (1996), a trouvé 10% de maintien du NE dans le français urbain de Lille. Selon Coveney, cette tendance géographique était présente déjà au début du XXe siècle (1996, p. 61), puisqu'attestée dans *l'Atlas linguistique de la France,* établi par Gilliéron et Edmont (1902-1910), cf. le travail de Lüdicke (1982) : l'absence de NE était la plus fréquente à Paris puis dans le Centre et l'Ouest de la France. La situation actuelle semble donc confirmer une variation géographique bien enracinée de la chute de NE plus fréquente dans le Nord.

Que Paris soit le moteur de ce mouvement, comme dans d'autres évolutions linguistiques, ne semble pas évident d'après les enquêtes citées par Coveney (55% de maintien pour Paris selon Ashby 1976, soit le chiffre le plus élevé dans la région du Nord), mais l'étude quantitative la plus récente en région parisienne (celle de Garel 1997, citée par Gadet, à paraître) n'a trouvé qu'entre 2 et 4% de maintien du NE chez deux jeunes Parisiens de 17 ans, donc une situation presque canadienne. Entre 55% et 2 à 4% pour Paris, à vingt ans d'intervalle, il y a un décalage important, et c'est pourquoi nous avons estimé que l'usage en région parisienne mérite d'être étudié plus à fond dans une perspective chronologique. Dans un premier temps, ces chiffres invitent à donner raison à Ashby et à son hypothèse de disparition du NE. Dans un deuxième temps, la nature différente des corpus derrière l'une et l'autre enquête prête à la prudence. Les informateurs de Ashby étaient de classe moyenne, les jeunes de Garel ont des parents ouvriers et habitent une cité en banlieue (1997, p. 25). Valli, parlant des études du NE de négation (1983, pp. 142-143), met en garde contre le mélange de tendances d'évolutions dans le « français conventionnel » et le « français non-conventionnel ». En fait, dit-il, l'évolution dans ces deux types de français n'a probablement pas connu le même rythme. Pour le français non conventionnel, « tout ce que l'on sait, c'est que l'omission de *ne* est quasiment la règle de nos jours » (ibid., p. 143), mais nous ignorons quel en était l'usage antérieur : il se peut que, dans ce registre langagier, les NE aient toujours été absents !

Ces remarques de Valli nous ont incitées à faire une enquête qui prend en compte l'appartenance sociale des informateurs, ainsi que les registres stylistiques, pour détecter, si possible, des tendances d'évolutions divergentes selon les groupes sociaux et les styles. Les paramètres purement linguistiques, connus pour influencer le taux d'apparition du NE (cf. les études de Ashby 1981, Moreau 1986, Coveney 1996), pourront en même temps être vérifiés. En réunissant deux corpus d'interviews et de conversations de la région parisienne, obtenus respectivement en 1993-94 (Malderez 1995) et en 1989-93 (Hansen 1998), et composés de locuteurs socialement différenciés (51 au total, de la femme de ménage au chercheur universitaire), répartis sur plusieurs générations, nous espérons pouvoir contribuer au débat sur le NE en français parlé parisien. Un corpus plus ancien, celui de Péretz-Juillard, enregistré en 1972-74, nous servira d'appui (Péretz-Juillard 1977[1]). Notre travail d'analyse n'est encore qu'à ses débuts et ce que nous pouvons présenter ici est donc moins des résultats définitifs qu'une discussion sur la nature des corpus utilisés et sur quelques problèmes d'analyse qui surgissent quand on veut mesurer quantitativement à quel degré le NE se maintient. Avant de présenter les grandes lignes de notre enquête, ainsi que notre procédé d'analyse, nous tenons à introduire brièvement la discussion actuelle sur l'influence des facteurs sociologiques et stylistiques sur le NE de la négation.

I. La dimension stylistique et sociologique dans les études antérieures du NE de négation

Dans un article récent (Gadet à paraître, mentionné dans notre introduction), Gadet fait le bilan des études antérieures sur l'absence du NE de négation en français, en prenant son point de départ dans les types de corpus utilisés. Sa conclusion, plutôt critique, porte sur *l'invariabilité des types de données et de corpus utilisés* : d'une part, il s'agit presque toujours d'interviews ou de « conversations provoquées » et très rarement d'autres types de français parlé comme des conversations naturelles, des discours plus formels, etc. ; d'autre part, les locuteurs enregistrés viennent majoritairement de la classe moyenne. Il y a donc souvent une absence de variations de registre et une absence de variations sociales.

Nous pensons que Gadet a raison d'attirer notre attention sur ces faits, et nous aimerions commenter sa critique rapidement : Il est vrai que les études récentes sur le phénomène en question se basent pratiquement toutes sur des métodes d'observation inspirées de la sociolinguistique américaine de Labov : le chercheur, équipé d'un magnétophone, invite un individu à discuter avec lui en essayant de créer un cadre relativement informel. Comme on peut le lire dans le bilan fait par Gadet, c'est le cas de l'étude de Sankoff et Vincent sur le français montréalais (1977), mais aussi de plusieurs études faites dans l'hexagone, celui de Diller (1983), de Ashby (1981) et de Sturm (1981), qui lui a travaillé sur le corpus d'Orléans), y compris des études plus récentes comme celles de Coveney (1996) et de Garel (1997). La seule exception, dans la liste de Gadet, est le travail de Morel (1994), qui se base sur un éventail de plusieurs types de données (débat radiophonique, discussion entre amies, entre jeunes gens, etc.). Nous sommes d'accord que cette situation n'est pas la meilleure et ne nous permet pas de voir toute la dynamique stylistique du NE de négation. Cela ne veut pas dire, pourtant, que les corpus d'interviews de ce type soient inutiles en tant que données (au moins ce n'est pas comme cela que nous interprétons l'article de Gadet). Nous rappelons les avantages des enregistrements du type labovien, d'abord techniques : le chercheur peut assurer une bonne qualité sonore avec son propre équipement, ensuite sociologiques : il a la possibilité, puisqu'il est présent, de poser un certain nombre de questions démographiques ou sociales au locuteur, questions qui permettent de relier son usage linguistique avec des facteurs extra-linguistiques (ce qui est très difficile en enregistrant par exemple un débat télévisé, où on a du mal à obtenir les informations nécessaires sur les sujets parlants). Mais on ne peut pas se faire une idée d'ensemble de l'emploi stylistiquement variable du NE en utilisant exclusivement des interviews. Les quelques analyses qui ont effectivement essayé de varier le degré de formalité avec les mêmes informateurs suggèrent que NE tombe plus souvent en français informel qu'en français formel : Ashby (1981) a comparé, chez trois sujets Tourangeaux, leur usage de NE pendant une interview faite à leur travail, et cet usage pendant un enregistrement fait à la maison (respectivement 35% et 16% de NE, 1981, p. 681), Coveney a pu enregistrer un seul informateur en Picardie dans deux situations différentes : interview formelle dans son bureau, et conversation libre au dehors, obtenant respectivement 50% et 11% de maintien de NE (1996, pp. 88-89). Nous n'avons pas de chiffres parisiens sur cette question.

Comme les phénomènes variant avec la formalité varient souvent aussi avec la classe sociale (comme on l'a vu avec la prononciation du *ing* verbal en anglais, Labov 1966), c'est également regrettable d'avoir pratiquement la même catégorie sociale de locuteurs dans toutes les études. Surtout, cela ne nous permet pas de tester l'hypothèse de Blanche-Benveniste (1997), selon laquelle NE est une variante de prestige, accessible à tous les locuteurs, plutôt qu'un indice d'appartenance sociale. Quelques exceptions au constat de Gadet – Ashby 1981, Coveney 1996, et Diller 1983 – semblent indiquer que la fréquence de NE varie effectivement avec la classe sociale des locuteurs dans le sens que plus la classe est élevée, plus le NE est retenu, mais aucune des ces enquêtes ne portent sur la région parisienne.

Pour résumer cette partie, nous dirions avec Gadet que les études antérieures sur le NE souffrent en général de trop d'homogénéité, surtout sur le plan du type de données, mais aussi sur le plan du type d'informateurs. Nous tenons quand même à souligner que certains linguistes ont découvert que la variation entre la présence et l'absence du NE est liée aussi à des facteurs proprement linguistiques, qu'ils sont d'accord pour définir (cf. les travaux de Pohl 1968, Ashby 1981, Moreau 1986, Coveney 1996 et 1998). L'apparition de NE dépendrait de la nature du sujet (NE tombe plus souvent avec les pronoms qu'avec les groupes nominaux), de la nature du second élément de la négation (*pas, plus, jamais, ...*, NE tombant plus souvent avec les éléments les plus fréquents), et de la nature du verbe (NE tombe surtout avec les verbes très fréquents au point où on peut parler de « séquences préformées » sans NE avec le terme de Moreau *(il y a pas, c'est pas, je sais pas.)*) Nous aimerions confirmer si ces contraintes sont valables pour le français en région parisienne actuellement ou si, à cause d'une forte réduction dans le nombre de NE réalisés, la variation paraît aujourd'hui non systématique au niveau linguistique. Il faut ajouter finalement, en parlant de contraintes, que d'autres linguistes ont cherché une explication de la variation du côté pragmatique. C'est un aspect que nous ne comptons pas inclure dans notre étude dans un premier temps, mais nous pouvons citer à titre d'exemple que les rares NE observés dans les interviews de Montréal sont apparus en relation avec des sujets particuliers, appelés « sujets sublimes » :

> En général, le *ne* apparaît dans des contextes où les locuteurs sont plus portés à s'auto-écouter et à surveiller leur langage. Les thèmes de la langue, de l'instruction, de la religion, de la discipline tendent à les replonger dans un contexte normatif où le 'niveau de langue' approprié comprend un nombre de marqueurs du style formel. (Sankoff & Vincent 1977, p. 253)

Blanche-Benveniste a pu confirmer ce fait pour le français de France, où des enfants qui avaient été invités à jouer à l'interview télévisée utilisaient effectivement des NE pour parler de leurs propres sujets sublimes (leurs amours, leur temps libre (Blanche-Benveniste 1997, p. 23)). Morel (1994) a développé un cadre pragmatique (le cadre de co-énonciation) qui semble expliquer la variation selon que le locuteur se trouve en attitude monologique (sans NE) ou dialogique (avec NE) avec son interlocuteur.

II. Description de deux corpus de la région parisienne (Malderez & Hansen)

Type d'informateurs – leurs caractéristiques extra-linguistiques.
Pour répondre à la question de l'évolution de NE en région parisienne, nous avons mis ensemble deux corpus de données. Ces deux corpus (Malderez 1995 et Hansen 1998) gagnent à être associés à plus d'un titre. Dans cette partie, nous présenterons les informateurs selon les paramètres suivants : lien avec la région parisienne, appartenance socioculturelle, et sexe, en mettant l'accent sur la complémentarité des données.

Pour commencer, il n'est pas tout à fait exact de dire que nos deux corpus sont de la région parisienne. La région parisienne correspond à l'Ile-de-France. Tous les informateurs enregistrés par Hansen habitaient effectivement l'Ile de France à l'époque de l'enregistrement. Malderez a fait ses enregistrements dans le sud de la Picardie, dans l'Oise, un département limitrophe au département de Val d'Oise, qui fait partie de la région parisienne. C'est donc une simplification acceptable de parler de deux corpus de la région parisienne. Nous n'avons pas exigé tout à fait le même lien avec ces endroits de la part des informateurs, et nous avons là, du moins théoriquement, la première difficulté dans la mise ensemble des deux corpus. Hansen avait demandé que ses locuteurs aient passé plus de la moitié de leur vie à Paris, parce qu'elle s'intéressait au français parlé à Paris (Hansen 1998, p. 149). Malderez ne s'intéressait pas particulièrement aux « parlers de l'Oise » (1995, p. 77) et n'a donc pas défini un critère d'inclusion spécifique dans ce domaine. Mais en pratique, un certain nombre de traits sont communs : les jeunes (jusqu'à 25 ans) des deux corpus sont tous, sauf un, nés et ont été élevés respectivement dans le département d'Oise et dans la région parisienne, les adultes (au-dessus de 25 ans) sont nés ou bien aux mêmes endroits, ou bien dans d'autres départements ou régions de la France. Dans le cas du corpus Malderez, ils ont tous vécu au moins 10 ans dans l'Oise, et dans le corpus Hansen, ils ont passé au moins la moitié de leur vie à Paris. A cause de la mobilité géographique des personnes, il n'est, en fait, pas toujours aisé de trouver des adultes qui n'aient pas bougé de leur département de naissance. Et comme c'est déjà assez difficile de trouver des locuteurs volontaires pour une enquête, il faut assouplir nos exigences. Ceci dit, nous avons gardé en tête que l'endroit où les locuteurs ont passé les 15 premières années de leur vie peut être très important (nous pensons à la « période formatrice » de la phonologie, concept de William Labov 1976, p. 207), et nous avons inclu ce paramètre dans notre base de données que nous présenterons plus loin. Nous pourrons donc toujours choisir de ne travailler qu'avec un sous-corpus, soit ceux qui sont réellement originaires de l'Oise ou de la région parisienne. En réalité, cela n'exclurait que 5 ou 6 personnes au total des deux corpus. Tous les informateurs ont le français comme langue maternelle.

En ce qui concerne le paramètre de l'âge, très important pour une étude d'évolution éventuelle, nous avons obtenu une bonne distribution d'informateurs avec les deux corpus. Malderez a un suivi chronologique de locuteurs, qui commence avec les enfants au-dessus de 6 ans et s'arrête vers les 45 ans. Hansen a deux générations de locuteurs, une tranche d'âge de 16 à 27 ans et une de 43 à 58 ans (voir la Figure 1).

Figure 1. Tranches d'âges représentées dans les deux corpus et nombre de locuteurs dans chaque tranche.

Malderez (27)	Hansen (24)	Au total (51)
6 à 15 ans : 8		8
16 à 25 ans : 8	16 à 27 ans : 13	21
26 à 31 ans : 5		5
36 à 45 ans : 6		6
	43 à 58 ans : 11	11

C'est un peu difficile de parler de l'*âge* des locuteurs parce que les années où ont été menées les enquêtes ne sont pas les mêmes dans les deux corpus (Malderez 1993-94 et Hansen 1989-93) ; mais ensemble, nous couvrons des *années de naissance* entre 1935 et 1987. Nous avons donc la possibilité de relier l'usage de NE avec l'âge des locuteurs, et d'en tirer des hypothèses à propos de la direction de l'évolution (ce qu'on appelle de travailler en *temps apparent* (*apparent time* Labov 1976, p. 207)). Pourtant, pour arriver à une véritable preuve d'évolution, il faudrait avoir recours à des données enregistrées antérieurement, parce que les différences d'âge, à un moment donné, peuvent très bien être des différences stables entre les générations, qui se répètent plutôt que d'aboutir à des changements linguistiques, cf. Labov 1976, p. 234, citant Hockett 1950. C'est le cas, entre autres, avec la chute du E caduc en français (Hansen 1994). Nous avons effectivement accès à un corpus qui pourra servir d'ancrage dans le temps réel. Il s'agit du corpus de Caroline Péretz-Juillard, enregistré à Paris en 1972-74 (Péretz 1977) (des entretiens avec des Parisiens, enregistrés chez eux). Nous utiliserons 16 informateurs de ce corpus, nés entre 1907 et 1954, pour vérifier nos hypothèses (interviews transcrites par Hansen, cf. Hansen 1998). Cet élargissement des données permettra aussi de comparer avec d'autres études en temps réel, actuellement en cours (Smith ms., Ashby à paraître).

Le niveau d'études de nos informateurs se complètent aussi. Hansen a essayé de travailler avec deux groupes socioculturels opposés, d'un côté ceux qui n'avaient pas le baccalauréat, mais une formation technique courte, de l'autre côté ceux qui avaient le baccalauréat et qui avaient fait des études supérieures (études supérieures étant définies comme baccalauréat plus 3 années d'études ou plus). Malderez a beaucoup de locuteurs qui ont ce qu'on appelle « bac + 2 » (Deug, BTS, DUT), infirmières, institutrices (ce qui correspond au cadre B de la fonction publique). Mais comment peut-on classer tous les informateurs selon le critère d'études accomplies, y compris les enfants et les jeunes ? En fait, c'est un problème beaucoup discuté en sociolinguistique. Nous avons décidé de classer les jeunes de moins de 22 ans qui sont encore étudiants d'après les études du parent le mieux formé[2], sauf dans le cas où le jeune a déjà dépassé le niveau d'études de ses parents. Nous pourrons toujours choisir de ne faire d'analyse sociolinguistique que sur les adultes qui sont classés selon leur propre niveau d'études. Le bilan final se présente comme en Figure 2.

Figure 2. Le niveau d'études des locuteurs.

Niveau	Malderez	Hansen	Ensemble
< bac	3	8	11
bac/niveau bac	0	3	3
bac +2	15	3	18
bac + 3/4	9	6	15
bac + 5	0	4	4
Au total	27	24	51

En somme, nous avons un bon point de départ pour faire une étude sociolinguistique de l'usage de NE, si l'on accepte que le niveau d'études constitue un paramètre utile. Ce n'est évidemment pas le seul possible. Certains sociolinguistes travaillent aussi avec l'occupation, le revenu, le type d'habitation des locuteurs, etc., souvent avec un indice combiné de tous ces facteurs qui permet de désigner une « classe sociale » à chacun (Fasold 1990, p. 225), d'autres travaillent avec un indice qui mesure le degré de maîtrise de la langue publique (degré d'insertion dans le « marché linguistique », terme de Bourdieu.) Mais nous avons tout lieu de croire que dans le cas de l'emploi ou non du NE de négation, le nombre d'années passées dans le système scolaire est un facteur important, parce que cela indique combien de temps on a été exposé à la norme du français standard, au français écrit correct, etc.

Finalement, la combinaison des deux corpus donne un équilibre entre femmes et hommes, du moins à partir des adolescents (voir la Figure 3), qui permet de tester, en région parisienne, l'observation de Ashby à Tours selon laquelle les femmes seraient des avant-coureurs dans l'omission de NE (1981, p. 685). Cette avant-garde féminine correspond en effet à celle qu'on a observée pour les femmes dans les changements phonétiques en cours en région parisienne (Lennig 1978) et ailleurs, mais est difficilement compatible avec un autre résultat souvent trouvé en sociolinguistique, à savoir que les femmes sont souvent plus conservatrices que les hommes, préférant la forme standard dans une situation de variation linguistique (Labov 1992, p. 21).

Figure 3. La représentation d'hommes et de femmes dans les deux corpus.

Age	Malderez	Hansen	Au total
6 à 15 ans	6 h 2 f		6 h 2 f
16 à 25 ans	6 h 2 f	5 h 8 f	11 h 10 f
26 à 45 ans	5 h 6 f		5 h 6 f
43 à 58 ans		5 h 6 f	5 h 6 f
Au total	17 h 10 f	10 h 14 f	27 h 24 f

La plupart des études sociolinguistiques sont faites sur une vingtaine de locuteurs, ce qui n'est pas beaucoup quand on veut se prononcer sur le français d'une certaine région et faire en plus des divisions sociologiques. En se mettant à plusieurs on pourra augmenter le nombre d'informateurs, et se compléter à propos des caractéristiques démographiques des populations. Les corpus de Malderez et de Hansen se complètent donc, mais nous garderons la possibilité de traiter à part les résultats de l'un et l'autre corpus en faisant figurer un code spécial pour le corpus d'origine dans la base de données.

Type de données.
La complémentarité des deux corpus se retrouve au niveau du type de données. Certes, une des situations d'enregistrement était commune dans les deux corpus : nous avons toutes les deux enregistré des entretiens entre les locuteurs et nous-mêmes. Mais même dans cet exercice, des différences

importantes s'imposent : Les enregistrements de Malderez peuvent effectivement être plus informels du fait qu'elle connaissait les sujets d'avance, et du fait qu'elle est francophone, née dans l'Oise (un peu l'idée de l'enquêteur « insider » utilisée par Labov, qui a confié le travail d'observation dans le quartier noir à New York (Harlem) à deux enquêteurs noirs (Labov 1972), ou comme Poplack à Ottawa-Hull au Canada qui a laissé une jeune étudiante, née dans le quartier francophone, faire les enregistrements du français local (Poplack 1989)). Les entretiens de Malderez peuvent aussi être moins formels que ceux de Hansen du fait qu'elle n'avait pas de questions préétablies à poser, mais conduisait les entretiens en fonction des intérêts de chacun (Malderez 1995, p. 81), Hansen, elle, avait un questionnaire sociologique et culturel, pas très rigide, mais avec des sujets précis et des demandes d'informations identiques pour chacun (par exemple sur leurs études, leur occupation, leur mobilité géographique, leurs habitudes devant le petit écran, leur emploi du temps libre, etc. 1998, p. 153).

Dans nos essais d'obtenir un français parlé moins contraint que dans la situation d'entretien ou d'interview nous avons essayé d'expérimenter avec la situation d'observation. Malderez a proposé à ses locuteurs une question susceptible de provoquer une conversation sans contrainte, soit la question du « danger de mort », utilisée aussi dans les enquêtes de Labov (1972, 1984) : « Est-ce que tu peux me raconter la fois où tu as eu le plus peur dans ta vie ? »(Malderez 1995, p. 81). Aux enfants, elle a demandé de raconter une histoire drôle. Comme elle le dit dans sa thèse, ces méthodes n'étaient pas « opératoires » pour tout le monde, mais pour ceux qui se sont prêtés à ce jeu, elle a obtenu des passages très informels et avec un débit d'élocution parfois très élevé. Ces parties des enregistrements ont été codées spécialement. Hansen a enregistré les locuteurs à deux reprises : d'une part, donc, en situation d'interview, d'autre part en situation de conversation à trois, où le locuteur discute avec la personne qui enquête et un ami de son choix (un camarade de classe, un collègue, un membre de sa famille), ce qui a ouvert la possibilité de passages dialogiques entre les deux Français dans lesquels elle pouvait les écouter sans tellement participer (1998, p. 153) (sur le modèle des séances en groupe utilisé par Labov à Harlem (1972, 1984)). Mais le succès de ce procédé était très variable d'un groupe à l'autre, et finalement nous n'avons pas transcrit les conversations obtenues avec tous les locuteurs. Cela se passait mieux en général avec les jeunes qu'avec les adultes. Mais nous savons après notre étude phonétique du [ə] prépausal du type *Ce soir*-[ə] (Hansen 1997), à partir des mêmes données, que les réalisations de cet élément prépausal sont beaucoup plus fréquentes, et plus extrêmes en ce qui concerne la prosodie et l'articulation (*Ce soir-*[a], ou *Ce soir-*[ɛ]), pendant les conversations en groupe que pendant les interviews. Nous avons donc lieu de croire que cette construction méthodologique pourrait permettre de détecter des différences de registre dans le domaine syntaxique aussi.

Même si nous n'avons pas vraiment répondu à la critique de Gadet (à paraître) qui voudrait plus de corpus véritablement spontanés, nous avons quand même fait varier le degré de formalité (voir la figure 4), ce qui permettrait peut-être de trouver des variations stylistiques dans l'usage de NE chez l'informateur individuel.

Figure 4. Les types de données recueillies

Formalité du français parlé
Informel   Danger de mort (M) / Histoires drôles (M)
            Conversations à trois (deux amis et l'observatrice) (H)
            Entretiens avec francophone de la région (M)
            Interviews avec étrangère (H)
Formel   (–)

III. Procédé d'analyse – quelques problèmes de quantification

Procédé pratique d'analyse.
Appliquons maintenant une analyse variationniste quantitative sur les données.

Il s'agit, dans le traitement des 51 informateurs enregistrés de 1989 à 1994 et des 16 informateurs enregistrés de 1972 à 74, de retrouver dans les corpus tous les emplois potentiels avec NE + adverbe de négation et observer si NE est réalisé ou pas. En gros, notre procédé d'analyse des corpus comporte les mêmes étapes que beaucoup d'autres études syntaxiques récentes sur corpus électroniques (voir la figure 5) :

Figure 5. Etapes d'analyse.

1. *Numérisation* (entrée dans l'ordinateur d'une transcription orthographique des bandes)
2. *Concordance* (exécution d'un programme de concordance après la formulation d'un profil lexical qui localise les endroits pertinents)
3. *Tri/Nettoyage* des concordances (délimitation des occurrences trouvées par le profil lexical)

4. *Codage* des occurrences (entrée des occurrences valides dans une base de données avec des paramètres linguistiques, stylistiques et sociologiques).

D'abord, nous avons *numérisé* les données, c'est-à-dire que nous avons entré dans l'ordinateur des transcriptions orthographiques des bandes, avec un programme de traitement de texte. Ensuite, nous avons utilisé un logiciel de *concordance* qui permet de formuler un profil lexical, de retrouver tous les endroits dans le corpus qui correspondent à ce profil et de les présenter avec leur contexte immédiat (dans notre cas, un profil qui savait capter les endroits potentiels de NE). Dans une troisième étape, nous avons dû *trier* les occurrences trouvées par le profil, parce que certaines étaient inaptes à notre étude, et finalement, nous avons *codé* les occurrences valides dans une base de données, avec une série de paramètres linguistiques, stylistiques et sociologiques pour chacune. Les deux premières étapes ainsi que la quatrième n'ont posé que des problèmes mineurs, mais la troisième fut un véritable défi. Après une présentation du profil lexical, nous nous concentrerons dans l'espace qui nous reste sur cette troisième étape.

Le profil lexical.
Notre profil lexical comportait tous les éléments de négation pouvant accompagner NE : *aucun, aucunement, jamais, nul, nullement, pas, personne, plus, rien* ainsi que l'élément de restriction *que*. Comme nous étions aussi curieuses de trouver les endroits où NE apparaît seul, sans adverbe accompagnateur (NE explétif, NE négatif), nous avons inclu aussi le mot *ne* (avec et sans apostrophe) dans le profil (en sachant que les négations avec NE + adverbe figureraient alors deux fois dans les concordances.) En formulant le profil lexical nous nous sommes rendues compte que nos deux corpus n'avaient pas été transcrits dans le même type d'orthographe : l'un était transcrit en orthographe standard, l'autre dans une orthographe adaptée, qui reflète certains phénomènes phonétiques comme la chute de *e* caduc, chute de *r*, de *l*, etc. (Nous renvoyons à Blanche-Benveniste & Jeanjean (1987) pour une discussion des types de transcription.) Par conséquent, il fallait inclure aussi l'écriture *p'us* pour *plus* dans le profil. Finalement, le produit des concordances était une liste d'exemples où figuraient les mots du profil au milieu de la ligne avec le contexte gauche et droit autour (ANNEXE A).

La négation en français parlé 57

Le tri des concordances – ou les problèmes de quantification de la variable.
Le tri de ces concordances était d'abord gouverné par un principe simple :
il fallait enlever de l'analyse les cas où les mots du profil ne faisaient pas
partie d'une négation. C'était le cas des exemples où ils avaient été employés avec une autre classe grammaticale : par exemple le mot *pas* dans le
sens nominal (*un pas*), et *que* dans le sens de la conjonction ou d'un adverbe de comparaison (*elle trouvait que les locations*, MC_h 27 ; *même euh
plus tôt que ça*, MC_h 34), *personne* dans le sens nominal (*une personne*).
Cela concernait également les exemples de *plus* positif (*et en plus je crois
que...*, MC_h 29, *un petit peu plus*, MC_h 167) ou *plus* adverbe comparatif
(*probablement les plus grandes où on est sorti*, MC_ h 157).[3] Parfois un *plus*
était ambigu dans l'extrait montré dans la concordance et il fallait avoir
recours à la transcription dans son entier ou à l'enregistrement : *c'est plus
une question de vie ou de mort** (« ce n'est plus » ou « c'est plutôt » ?).

Un problème particulier était de déterminer si les occurrences de *pas
mal* devaient être comprises dans le sens positif, comme une expression
lexicalisée synonyme de *beaucoup* et, donc, être exclues de l'analyse, ou
comme une négation, et donc un endroit potentiel pour NE (voir aussi
Hansen, à paraître). Exemples de synonymie avec beaucoup :

> je fais pas mal de vélo
>   (quantificateur dans un syntagme nominal = beaucoup*)
> ça grimpe pas mal (adverbe de quantité = beaucoup*)

Coveney (1996) a exclu ce genre d'exemples de son analyse, mais nous
hésitons là-dessus, vu que Grevisse cite (1986) plusieurs cas ou les mêmes
types de constructions sont accompagnées d'un NE (exemples littéraires,
il est vrai) :

> Je ne mets pas mal d'eau dans mon vin (Hugo, Misérables, tome III, 8, 20)
> Vous ne vous moquez pas mal qu'il soit heureux ou malheureux (Cocteau,
> Parents Terribles, II, 9)

Quand *pas mal* est attribut, Coveney l'inclut dans son analyse de la négation s'il est accompagné de l'expression *non plus*, qui est réservé aux contextes négatifs :

> mais d'un autre côté c'est pas mal non plus (Coveney 1996, p. 70)
> (= pas mauvais)

mais l'exclut s'il est accompagné de *déjà*, qui ne peut pas apparaître en
contexte négatif :

>...ce n'est déjà pas mal (Coveney 1996, p. 69) (= bien)

Si *pas mal* n'est pas accompagné d'un élément qui le rend équivoque, il l'inclut :

>moi je trouve que c'est pas mal ce truc (= pas mauvais ou = bien) (ibid., p. 70)

Après un infinitif, comme dans

>je commençais à paniquer pas mal (Coveney 1996, p. 69)

on ne peut pas imaginer l'insertion de NE.

Dans un premier temps, nous avons trouvé cette histoire de *pas mal* assez compliquée et plutôt que de faire des exclusions hâtives, nous avons décidé d'inclure tous les *pas mal*, mais de leur donner un code spécial, qui permette de les écarter du reste des données et d'en faire une analyse à part.

En fait, en prenant position sur les diverses occurrences de *pas mal*, nous nous demandons si l'absence de NE est obligatoire ou non. S'il est obligatoire, nous n'avons pas à faire à un cas variable. C'est le paradigme variationniste de Labov qui est sous-jacent dans ces décisions. Pour parler d'une variable linguistique, il faut pouvoir définir une entité linguistique qui peut se réaliser de deux ou plusieurs façons différentes en gardant la même signification référentielle. Les valeurs ou variantes de la variable doivent être « dépourvues de pertinence linguistique » (Labov 1976, p. 57), et ne doivent pas être dictées par le contexte linguistique. Il n'y a pas de doute que l'on peut traiter le NE de négation en français comme une variable avec les deux valeurs « présence » et « absence », parce que dans la majorité des cas, ces deux variantes ne changent pas la signification (*Il aime pas le poisson, Il n'aime pas le poisson*) (voir pourtant la discussion plus loin). Mais tous les cas où une des variantes est obligatoire doivent être exclus de la quantification. Outre certaines occurrences de *pas mal*, où la présence de NE est exclue, il s'agit des cas suivants, très abondants dans nos données :

– constructions sans verbe

>non **pas** d' vacances du tout cet été (B6,73) (absence de NE obligatoire)

– construction sans sujet

>tu t' dis faut **pas** qu' je tombe (D3, 53) (absence de NE obligatoire)

A propos du dernier type d'occurrences, Coveney aussi l'a exclu, mais il signale que d'autres études sur le NE les incluent.

Il faut exclure aussi les cas où l'on est incapable de déterminer la valeur de la variable : « présence » ou « absence ». C'est le cas des expressions où il n'y a pas moyen de distinguer entre le (n) de liaison et (n) de NE :

> on est pas assez tolérant à c' niveau-là (B6, 106)
> ou :
> on n'est pas ... ?

Il s'ensuit selon la définition labovienne qu'il ne faut pas accepter les cas où une des variantes entraînerait une différence de sens. Nous venons de proposer plus haut que dans la majorité des cas, le NE ne porte pas de sens (sauf, bien sûr, le NE négatif qui est employé tout seul, sans adverbe accompagnateur : On *ne* peut penser à tout à la fois). Nous aimerions terminer quand même sur la mise en garde de Blanche-Benveniste (1997) qui cite un exemple où le NE fait bien une différence :

> [Je ne la trouve pas] méchante
> Je la trouve [pas méchante]

Le NE semble avoir pour fonction ici de diriger la portée de la négation vers le verbe. Nous ne savons pas encore comment résoudre ce problème au niveau de la quantification du NE, mais nous espérons avoir montré avec cette troisième partie que les corpus électroniques – si commodes soient-ils dans les recherches syntaxiques – ne nous épargnent pas les réflexions théoriques, et qu'il faut être très prudent et très explicite dans toute délimitation d'un phénomène linguistique traité de façon quantitative.

Nos paramètres de codage linguistique, stylistique et sociologique se trouvent en annexe B.

Anita Berit Hansen   Isabelle Malderez
Université de Copenhague   Université de Paris 7

Notes

1. Nous remercions vivement Caroline Péretz-Juillard d'avoir mis à notre disposition ce corpus.
2. Labov a suggéré que le niveau d'instruction de la mère est plus important pour la formation des normes linguistiques d'un enfant que celui du père (Labov 1992, pp. 21-25.).

3. Certains de ces tris auraient pu être évités avec un corpus étiqueté grammaticalement.

Références bibliographiques

Armstrong, N. (1997) : A sociolinguistic perspective on variable grammar in French and English. *Revue PArole*, 3/4, pp. 191-216.

Ashby, W. (1976) : The loss of the negative morpheme NE in Parisian French, *Lingua* 39, pp. 119-137.

Ashby, W. (1981) : The loss of the negative particle NE in French : a syntactic change in progress. *Language*, 57, pp. 674-687.

Ashby, W. (à paraître) : Un nouveau regard sur la chute du *ne* en français parlé tourangeau : s'agit-il d'un changement en cours ?

Blanche-Benveniste, C. & C. Jeanjean (1987) : *Le français parlé. Transcription & édition.* Didier Erudition, Paris.

Blanche-Benveniste, C. (1997) : La notion de variation syntaxique dans la langue parlée, in : Gadet, F. (ed.) : *La variation en syntaxe.* Langue française, 115, pp. 19-29.

Coveney, A. (1996) : *Variability in spoken French. A sociolinguistic Study of Interrogation and negation.* Elm Bank Publications, Exeter.

Coveney, A. (1998) : Awareness of linguistic constraints on variable *ne* omission. *Journal of French Language Studies*, 8, pp. 159-187.

Diller, A.-M. (1983) : Subject NP structure and variable constraints : the case of NE deletion, in : Fasold, R. (éd.) : *Variation in the form and use of language.* Georgetown University Press, Washington.

Fasold, R. (1990) : *The Sociolinguistics of Language.* Blackwell, Oxford, UK & Cambridge, USA.

Gadet, F. (1997) (éd.) : *La variation en syntaxe.* Langue française, 115.

Gadet, F. (à paraître) : Des corpus pour *(ne)... pas*, in : *Actes du colloque international de l'Université de Perpignan, 7-9 mai 1998, « Questions de méthode dans la linguistique sur corpus ».*

Garel, C. (1997) : *Etude de la négation dans la langue française à travers le langage des jeunes de 17-19 ans.* Mémoire de maîtrise inédit. Université de Paris-X Nanterre.

Gilliéron, J. & E. Edmont (1902-1910) : *Atlas linguistique de la France.* Champion, Paris.

Gougenheim, G. et al. (1964) : *L'élaboration du français fondamental.* Didier, Paris.

Hansen, A. B. (1997) : Le nouveau [ə] prépausal dans le français parlé à Paris, in : Perrot, J. (éd.) : *Polyphonie pour Iván Fónagy.* L'Harmattan, Paris, pp. 173-198.

Hansen, A. B. (1998) : *Les voyelles nasales du français parisien moderne. Aspects linguistiques, sociolinguistiques et perceptuels des changements en cours.* Etudes Romanes 40, Museum Tusculanum Press, Copenhague.

Hansen, A. B. (1999) : Traitement variationniste de problèmes syntaxiques, exemples du français parlé, in : Lund, H.P. (éd.) : *La langue, les signes et les êtres.* Etudes Romanes 44, Museum Tusculanum Press, Copenhague.

Hockett, C. (1950) : Age-grading and linguistic continuity. *Language*, 26, pp.449-457.

Labov, W. (1966) : *The social stratification of English in New York City.* Center for Applied Linguistics, Washington D.C.

Labov, W.(1972) : *Language in the Inner City.* University of Pennsylvania Press, Philadelphie.

Labov, W. (1976) : *Sociolinguistique.* Editions de Minuit, Paris.

Labov, W. (1984) Field Methods of the Project on Linguistic Change and Variation, in : Baugh, J. & J. Sherzer : *Language in use.* Prentice-Hall, Englewood Cliffs, New Jersey, pp. 28-53.

Lennig, M. (1978) : *Acoustic measurement of linguistic change : The modern Paris vowel system.* University of Pennsylvania Dissertation Series no. 1.

Lüdicke, A. (1982) : Zum Ausfall des Verneinungspartikel NE im gesprochenen Französisch. *Zeitschrift für Romanische Philologie*, 98, pp. 43-58.

Malderez, I. (1995) : *Contribution à la synchronie dynamique du français contemporain : le cas des voyelles orales arrondies.* Thèse de doctorat (non-publiée), Université de Paris 7, Paris.

Moreau, M.-L. (1986) : Les séquences préformées : entre les combinaisons libres et les idiomatismes. Le cas de la négation avec ou sans *ne. Le Français Moderne*, 54, pp. 137-160.

Morel, M.-A. (1994) : PAS et NE...PAS en français oral. *Cahiers de praxématique*, 23, pp. 97-116.

Péretz-Juillard, C. (1977) : *Les voyelles orales à Paris dans la dynamique des âges et de la société.* Thèse de IIIème cycle (non-publiée), Université de Paris V, Paris.

Pohl, J. (1968) : *Ne* dans le français parlé contemporain : les modalités de son abandon, in : *Actes du XIe Congrès International de Linguistique et de Philologie Romanes*, 3, Madrid.

Pooley, T. (1996) : *Chtimi : the urban vernaculars of Northern France.* Multilingual Matters Ltd., Clevedon/Philadelphia/ Toronto/Adelaide/Johannesburg.

Poplack, S. (1989) : The care and handling of a mega-corpus : the Ottawa-Hull French project, in : Fasold, R. & D. Schiffrin (éds.) : *Language Change and Variation.* Current Issues in Linguistic Theory, 52, John Benjamins, Amsterdam/Philadelphie, pp. 411-444.

Sankoff, G. & Vincent, D. (1977) : L'emploi productif de *ne* dans le français parlé à Montréal. *Le français Moderne*, 45, pp. 243-256.

Smith, A. (ms.) : Linguistic change in British and French Public Service Radio. Thèse, Université de Newcastle-upon-Tyne.

Sturm, J. (1981) : *Morpho-syntaktische Untersuchungen zur Phrase negative im gesprochenem Französisch. Die Negation mit und ohne NE*. Peter Lang, Frankfurt.

Valli, A. (1983) : Un exemple d'approche du problème des variantes syntaxiques en linguistique diachronique. *Recherches sur le français parlé*, 5, pp. 125-146.

ANNEXE A
Extrait des concordances (informateur MC_h, né en 1938)

12	+ euh donc il n'était	pas possible // non + mais sinon /
23	fini MC_h : absolument	pas c'est parce que... euh // quand
28	c'était sale + c'était...	pas bien.. c'était... cher / et cetera et
32	ça je ne me rappelle	pas quand + c'était peut-être en
48	sa jeunesse + je sais	pas exactement à quel âge elle est... /
58	ça MC_h : elle n'avait	pas fait d'études + euh pratiquement
71	+ MC_h : + bon [s] c'est	pas l'université mais bon + c'est une
73	+ euh mais il + il n'a	pas... / il n'a pas eu le bac d'ailleurs
73	il + il n'a pas... / il n'a	pas eu le bac d'ailleurs c'était
86	MC_h : ils ne parlaient	pas + de langues étrangères // MC_h
93	elle euh comprend	pas mal l'allemand quoi MC_h : ah les
131	+ euh c'est c'est	pas loin / donc on y va / on sort aussi
139	y compris à Paris euh	pas énormément quoi // MC_h : si si
159	régulièrement //	pas pas énormément / mais on est
159	régulièrement // pas	pas énormément / mais on est sorti
193	qu'il y en a qui sont	pas doublés + je sais même pas MC_h
194	+ je sais même	pas MC_h : mais c'est / non mais très
199	MC_h : / quand c'est	pas doublé mais... non sinon + qu'est
208	/ trois ou quatre ans	pas plus // MC_h : oui enfin c'était les
209	les informations /	pas beaucoup plus que ça euh MC_h
226	+ et... et je sais	pas quel est son acolyte + euh bon... il
232	je ne... / je suis même	pas certain + de connaître le nom
243	euh discours n'est	pas émaillé + de fautes de français
29	cetera et cetera et en	plus je crois qu'elle avait le goût
34	XXX quand même euh	plus tôt que ça puisque je devais
75	+ euh qui ne doit	plus exister maintenant d'ailleurs MC
77	d'ailleurs MC_h :	plus technique // MC_h : oui
157	probablement / les	plus... grandes + où on est sorti +
167	regardée un petit peu	plus // m(ais) enfin / MC_h : // non
177	/ bon mettons... au	plus deux films / par semaine / bon
208	ou quatre ans pas	plus // MC_h : oui enfin c'était les
209	/ pas beaucoup	plus que ça euh MC_h : peu d'émissions

La négation en français parlé 63

7	+ mais.../ attends / ce	que tu appelles des vacances + de
10	// non / abord parce	que je n'ai jamais eu deux mois de
23	pas c'est parce	que... euh // quand... quand... en tant +
24	quand... en tant +	que Parisiens + on allait en vacances
27	général elle trouvait	que les locations + étaient de
34	même euh plus tôt	que ça puisque je devais avoir / onze
61	nombreuse + euh et	que sa mère est morte + euh elle

ANNEXE B
Paramètres du codage dans la base de données

colonne B   Réalisation de la variable dépendante
                 0 = absence de NE,
                 1 = présence de NE,
                 2 = indétermination

Paramètres linguistiques
     colonne C   Type de marqueur négatif ou restrictif
     colonne D   Présence d'un adverbe entre le verbe et l'élément de négation
     colonne E   Type de sujet
     colonne F   Type de proN sujet
     colonne G   Présence de clitique complément
     colonne H   Contexte droit du « ne » potentiel
     colonne I   Fréquence lexicale du verbe
     colonne J   Structure du verbe
     colonne K   Temps du verbe
     colonne L   Occurrences de « il y a »
     colonne T   Infinitif du verbe

Paramètres sociologiques (et stylistiques)
     colonne M   Corpus
     colonne N   Locuteur
     colonne O   Style
     colonne P   Sexe
     colonne Q   Tranche d'âge
     colonne R   Niveau d'études
     colonne S   Origine géographique (0 à 15 ans)
     colonne U   Année de naissance

Informations de repérage
     colonne V   Numéro de ligne du corpus original
     colonne W   Contexte gauche de l'élément de négation
     colonne X   Contexte droite de l'élément de négation, y compris celui-ci.

L'analyse de la variation phonétique de corpus de français parlé : problèmes méthodologiques

par

Isabelle Malderez

A. Le modèle d'analyse de la variation phonétique

Je me propose de présenter un modèle tridimensionnel pour l'étude de la variation phonétique et son application à la synchronie dynamique des voyelles moyennes arrondies en français d'Île-de-France. Il s'agit d'examiner concurremment les trois domaines de manifestation des changements phonétiques en cours que sont la graphie, la perception et la production.

1. La graphie.

Les enseignants sont souvent confrontés à des fautes d'orthographe lexicales atypiques c'est-à-dire des fautes qui ne sont pas prévues dans les exercices de régulation : si <u>des chevals</u> est une faute typique (pluriel irrégulier), <u>des chovaux</u> ne l'est pas. Fónagy (1971 ; 1989) affirme que les fautes d'orthographe d'enfants de 6-7 ans reflètent souvent leur conception phonologique. Mon travail s'articulera donc autour de ce principe : a) les enfants de l'école primaire, et en particulier les élèves âgés de 7 à 9 ans, écrivent souvent les mots tels qu'ils les prononcent ; b) à partir de 9 ans, on peut considérer que les enfants écrivent ce qu'ils ont appris et non plus simplement ce qu'ils 'disent'.[1] Si l'absence de fautes d'orthographe atypiques chez les enfants de plus de 9 ans ou chez les adultes ne nie pas la réalité d'une variation phonétique, leur présence confirme son étendue.

Le corpus orthographique se compose de différents éléments : un relevé systématique des fautes d'orthographe lexicales atypiques, des tests spécifiques pour chacune des variables étudiées destinés aux enfants mais aussi des tests pour adultes pour des mots à l'orthographe moins fixée comme les noms de marques.

2. La perception.
Janson (1986) a montré que le test de perception catégorielle permet de mettre en lumière les changements en cours entre deux phonèmes en comparant deux populations représentant deux générations successives. En effet, selon lui, si un changement est en cours, les deux populations ne présentent pas les mêmes résultats quant à la catégorisation des stimuli : la frontière phonématique dans le continuum reliant les deux phonotypes n'est pas la même pour les deux groupes d'âges.

Les stimuli utilisés pour chaque test de perception sont issus d'une interpolation linéaire[2] entre les valeurs cibles de deux voyelles phonotypes (figure 1). Les stimuli obtenus ont été triplés, mélangés aléatoirement et le fichier informatique contenant tous ces sons dupliqué sur cassette. Le test se présente donc, pour chaque paire, sous la forme d'une suite de 63 stimuli séparés par 3 secondes de silence et dure environ 3 minutes 15 secondes. Le sujet doit impérativement, pour chacun des stimuli, opter pour une des deux solutions proposées. Il est sensibilisé au fait qu'il n'entendra pas forcément autant de fois les deux types de voyelles. Il n'a pas le droit de revenir sur son choix après écoute du stimulus suivant.

J'ai étudié la perception catégorielle des sujets en calculant un indice (A). Soit N le nombre de fois que le stimulus est perçu comme voyelle antérieure, l'indice d'antériorité de chaque paire correspond pour chaque sujet à la somme des 23 N. L'indice (A) est donc compris entre 0 et 23. Ainsi, plus cet indice est élevé, plus la coupure catégorielle est proche de la voyelle postérieure.

3. La production.
La théorie variationniste récuse l'homogénéité de la stucture de la langue. La compétence y est définie comme la maîtrise de plusieurs sous-systèmes alternant en fonction de situations différentes par exemple. Le changement phonétique est donc « décelable et enregistrable sur deux générations » (Labov 1976, p. 234). En effet, les deux variantes – l'ancienne et la nouvelle – d'un changement en cours coexistent en synchronie mais appartiennent à deux sous-codes de la langue : deux registres stylistiques chez un même individu ou deux sociolectes. Il convient donc, pour le mettre en évidence, de s'attacher à rendre compte du système phonétique de deux générations successives par exemple. Puisque la variable sociale est un critère opératoire, ces deux générations doivent être socialement équivalentes.

Le corpus se compose d'entretiens et de textes lus par 25 locuteurs résidant dans l'Oise, des deux sexes et âgés de 4 à 44 ans, soit deux générations consécutives.³ Les enregistrements ont eu lieu, en 1993 et 1994 au domicile des locuteurs. Ils sont constitués de deux parties : un entretien avec moi-même et la lecture de plusieurs textes.⁴
Quelles que soient les variables étudiées, le corpus de français parlé est analysé à travers les variables indépendantes extralinguistiques suivantes :
- style : entretien et lecture ;
- sous-styles en entretien : conversation, « danger de mort » et histoires drôles pour certains enfants ;
- âge du locuteur : générations enfants ou parents ;
- sexe du locuteur : masculin ou féminin ;
- préférences individuelles : chacun des locuteurs.

B. Application à l'analyse des voyelles moyennes arrondies
1. Les variables dépendantes.
Lors d'un contact quotidien avec des enfants de 6-8 ans en qualité d'institutrice, j'ai relevé des réalisations de /Ø/ qui tendent vers [O] dans la parole d'un bon nombre d'entre eux⁵. Ce déplacement se retrouve dans certaines de leurs productions graphiques : roposé pour *reposé*, promier pour *premier*, gronouille ou même graunouille pour *grenouille*, et inversement, ils seront et ils eront pour *savoir* et *avoir* au futur, dené pour *donner*, etc... L'exemple (1) montre qu'à l'oral, l'antériorisation des réalisations de /O/ provoque parfois des incompréhensions.

(1) Moi **l'homosexualité** ça ne me choque pas. (L.G.)
    Quoi **le mot sexualité** ça te choque pas ? (F.M.)

Les voyelles /O/ et /Ø/ ont toujours présenté des alternances, rares de nos jours, mais plus fréquentes il y a quelques siècles. Ainsi, Vaugelas (1647) mentionne la paire *fleurissant – florissant* où chaque élément est associé à un sens plutôt propre ou plutôt figuré. La deuxième alternance qu'il signale a disparu. Il s'agit de la paire *filleul(e)-filliol(e)* qui, selon lui, propose deux variantes du même mot. Le premier est légitime, puisque prononcé à la Cour, le second stigmatisé puisque étant 'de la ville'. Si, dans cet exemple, c'est la postériorisation des réalisations de /Ø/ qui est montré du doigt par cet auteur prescriptif, l'antériorisation de /O/ est aussi stigmatisée dans le mot *commencer* (quemencer) ou encore dans l'expression *pour lors* (pour l'heure.) Donc, comme le rappelle Fónagy (1989), la tendance de chevauchement entre /Ø/ et /O/ (/œ/ et /ɔ/ pour cet auteur) est un changement en cours depuis le XVIᵉ siècle.

L'antériorisation de /O/ est la dimension qui est mise en évidence dans les études des fonctionnalistes français. Martinet (1958) y consacre un article entier sous le titre évocateur 'C'est jeuli le Mareuc'. Cette contribution est surtout une suite de propositions de recherche et d'hypothèses sur l'explication du phénomène. Walter (1977) donne de nombreux exemples de prononciation antériorisée pour /O/, en particulier en position médiane dans les mots tels que *bastonnade* et *adolescent*, quelle que soit l'orthographe associée au phonème (*biseauté*). Dans les différentes études sur les systèmes phonologiques des enfants de 6 ans, éditées par Houdebine en 1985, le phénomène apparait aussi. Goudaillier, dans l'Aisne, relève cette tendance surtout devant /s/ et après /r/ en syllabe entravée (14% d'antériorisation pour ce deuxième contexte.)

La postériorisation de /Ø/ est beaucoup moins signalée et surtout fort peu étudiée. Martinet ne la mentionne pas dans l'article de 1958, en revanche elle apparaît chez Walter (1977) dans les mots tels que *bretelle, crevettes, bourrelier, bredouille, reblochon*. Lefebvre, enquêtant dans deux écoles de la région lilloise, relève 'l'instabilité de l'opposition' et des exemples tels que [ʃomine] *cheminée*, [pose] *pesé*, et [fonɛt] pour *fenêtre*, et surtout, chez 85% des enfants, 'une tendance à la neutralisation de l'opposition après /r/' exprimée dans les mots [ronar] *renard* et [gronuj] *grenouille*. Pour ces deux mots, Goudaillier obtient 30% de postériorisation dans l'Aisne, 35% dans les Bouches-du-Rhône et Peretz-Juillard signale la même tendance à Paris (18%).

2. L'approche orthographique.
Un test composé de deux exercices de type scolaire, a été effectué par 216 enfants de 2e à 5e années de trois écoles primaires du sud de l'Oise dans le cadre de leur classe durant les mois de décembre et janvier.[6]

L'analyse des facteurs non linguistiques montrent que, si l'on considère l'ensemble des 216 enfants, le pourcentage global d'erreurs au test est de 8,3% (tableau 1). Les pourcentages d'erreurs des groupes de niveaux sont significativement différents. Ce pourcentage décroît régulièrement de 16,9% en 2e année à 1,1% en 5e année. 80% des erreurs sont attribuables aux enfants de 7-9 ans. Une régression linéaire simple du nombre d'erreurs sur chaque item sur le facteur classe ordonné de la 2e à la 5e année montre que ce facteur est opératoire sur les résultats globaux mais aussi sur la plupart des items lexicaux pris isolément.

Quant aux facteurs linguistiques, tous contextes confondus, le pourcentage d'erreur est le même pour les voyelles /O/ et /Ø/ : statistiquement, le facteur voyelle n'est pertinent pour aucun des quatre niveaux. Le test montre par contre la pertinence du contexte : /R_/. Pour chaque niveau, on trouve deux fois plus d'erreurs dans ce contexte que dans les autres contextes en ce qui concerne /Ø/ et environ quatre fois plus d'erreurs dans le cas de /O/. Cependant, sur l'ensemble du test, si le contexte /R_/ est un facteur pertinent de la 2e à la 4e année, il ne l'est pourtant pas pour les plus âgés des enfants, qui ne font presque pas d'erreurs. Il apparait donc dans cette enquête, qu'à l'écrit en syllabe initiale, les voyelles e̲ et o̲ sont confondues par les jeunes enfants (7-9 ans), surtout dans le contexte /R_/.

J'ai aussi pu mettre en évidence l'influence d'une prononciation postériorisée dans l'écrit d'adultes en effectuant auprès de douze francophones natifs, étudiants de second et troisième cycles universitaires, âgés de 21 à 45 ans, un court test. Il s'agissait de retrouver la lettre manquante – la deuxième – de chaque mot d'une liste de dix.[7] Mon attention s'est portée sur le lexème 'reblochon' qui est souvent prononcé [robloʃɔ̃]. On peut supposer que comme il s'agit d'un nom provenant d'un type de fromage son orthographe n'est pas intégrée par tous. Sur l'ensemble des deux listes présentées à deux groupes distincts, j'ai obtenu 67% d'erreurs : 83% pour la liste A, 50% pour la liste B (tableau 2).

3. L'approche perceptive.
La théorie variationniste du changement phonétique prédit une différence de traitement des variables concernées selon les sexes. Cependant, dans le cadre de l'expérience de perception catégorielle, ce facteur n'est pas significatif.[8] Les figures 2 et 3 illustrent ces résultats. Par contre, pour les deux oppositions /ø/-/o/ et /œ/-/ɔ/, le rôle du facteur génération est statistiquement significatif en ce qui concerne l'indice de perception. Il existe donc une différence dans le découpage catégoriel des continuums [ø_o] et [œ_ɔ] chez deux générations successives en terme de coupure plus postérieure chez les plus âgés (figures 4 et 5).

Ces résultats me permettent de présenter une hypothèse quant à la production des voyelles de cette opposition. En effet, si les sujets les plus âgés présentent une coupure phonématique plus postérieure, on peut supposer que leur production de la voyelle /Ø/ sera aussi plus postérieure. Si le huitième stimulus, dans chacun des deux continuums, est perçu /o/ ou /ɔ/ par la génération enfant mais /ø/ ou /œ/ par la génération parent, c'est parce que le /Ø/ produit par les plus âgés se confond en partie avec le /O/ produit par les plus jeunes, et réciproquement. En effet, si la coupure phonématique est différente, le sens de l'évolution de l'opposition n'est pas élucidé par cette étude de perception. Le fait que ce soit les plus jeunes qui présentent la coupure la plus antérieure ferait pencher la balance du côté de la tendance décrite par Martinet (1958). Il aurait fallu pouvoir comparer ce test avec un test identique, réalisé il y a vingt ans mais une telle étude – basée sur de tels stimuli – n'existe pas.

4. L'approche productive.
L'étude acoustique concerne seulement 8 locuteurs choisis selon deux critères. Il s'agit de quatre sujets féminins et de quatre sujets masculins, appartenant aux deux générations. J'ai préféré, pour chaque groupe, étudier la voix du locuteur qui présentait les enregistrements de la meilleure qualité sonore. L'étude porte ainsi sur 676 voyelles /Ø/ et 534 voyelles /O/.[9]

L'étude de l'effet des variables indépendantes extralinguistiques permet de dégager des différences dans le traitement des deux voyelles /O/ et /Œ/. En ce qui concerne la voyelle /O/ , il n'y a pas de production sexuellement différenciée (tabl. 3). De même, le facteur génération n'est pas opératoire pour le deuxième formant (fig. 6). Mais le facteur génération est significatif pour la voyelle /Ø/ (tabl. 3, fig. 7). Les plus vieux produisent les voyelles les plus antérieures. En revanche, hommes et femmes produisent le même type de voyelle /Ø/, le facteur sexe n'est pas significatif. Enfin, même si, en moyenne, les /Ø/ sont plus antérieurs dans la lecture, le facteur stylistique n'est pas opératoire en termes statistiques.

L'étude orthographique a mis en évidence la pertinence du contexte /R/. Il en va de même pour l'étude de la production. Si on considère l'ensemble des occurrences des voyelles, tous styles confondus, /R/ reste chez tous les locuteurs un des deux contextes les plus favorables à l'abaissement du deuxième formant (fig. 8). Il présente des écarts types relativement élevés chez tous les locuteurs et donc des zones de dispersion assez larges. Ceci veut donc dire que toutes les voyelles précédées de /R/ ne sont pas postériorisées. De plus, ce phénomène se retrouve plus fréquemment dans certains mots que dans d'autres. En effet, bien que les stratégies individuelles soient évidentes, il existe des constantes : le /Ø/ de *ferai* et de *requête* est postériorisé par presque tous les locuteurs. Ainsi, en production, dans la classe des mots présentant le contexte le plus favorable à la postériorisation des /Ø/, il existe des différences significatives qui peuvent être liées à des problèmes de diffusion lexicale (Wang 1991) ou encore à la nature même des différentes variantes du /R/ français.

5. Les variantes de /R/
Le français possède un seul phonème /R/ qui occupe le premier rang avec 7,8% des occurrences (Wioland 1974). Sa place dans le système phonologique lui permet une grande latitude de réalisation qui est reconnue comme linguistiquement et sociologiquement conditionnée (Léon 1992,

1993). Dans l'absolu, toutes les réalisations « rhotiques » sont possibles en français, soit une vingtaine de variantes. Autrefois essentiellement apical (roulé), il présente depuis les 17e-18e siècles, des réalisations plus souvent dorso-vélaires (grasseyé) ou uvulaires. Straka & Nauton (1947) distinguent même des variantes rétroflexes en Auvergne alors que Lindau (1985) définit, pour le français, trois principaux allophones [Ř, ʁ, χ], tous trois uvulaires. De plus, tous les auteurs s'accordent sur le statut de consonne clignotante du /R/ français : il peut tomber, essentiellement dans les groupes consonantiques finals, mais aussi dans d'autres contextes (Laks 1977).

Dans une recherche en cours, je me donne donc pour première tâche de décrire la réalité acoustique des variantes de /R/ en français à l'aide d'une matrice d'indices[10] et de déterminer le poids des variables linguistiques[11] et sociologiques dans la variation de la réalisation du /R/ en France. Il s'agit aussi de tenter de mettre en évidence les variantes de /R/ qui postériorisent les voyelles, ceci en Île-de France dans un premier temps, et dans d'autres régions par la suite. Je présente ici les tout premiers résultats de cette étude.

Le corpus de français parlé présente, par locuteur, 368 occurrences de /R/ en moyenne en parole spontanée et 142 occurrences en lecture de textes. Seuls les résultats de l'analyse de la parole d'un jeune homme, âgé de 21 ans lors de l'enregistrement du corpus, sont présentés ici, soit 270 occurences de R (tableau 4). Une première variante R-0 se caractérise acoustiquement par l'absence du segment et est donc définie comme la chute de /R/ (figure 17). Les variantes R-1 à R-3, approximantes A (figure 9), B (figure 11) et C (figure 13), sont plutôt des vocoïdes : les courbes formantiques sont continues, le deuxième formant descendant dans la majorité des cas en dessous de 1000 Hz. La voyelle précédante est dans les deux premiers cas R-colorée, bien que présentant une partie stable pour l'approximante A et aucune pour l'approximant B. La variante approximante C se caractérise acoustiquement par la présence d'un segment vocalique stable, mais le R est bien présent à l'audition bien que la voyelle précédante ne semble pas R-colorée. Il est possible que la variante R-3 ne soit qu'un cas particulier de la variante R-2 (approximant B). L'analyse de la suite du corpus permettra de vérifier cette hypothèse. Les variantes R-4 et R-5, pseudo-approximantes A (figure 10) et B (figure 12) sont de nature plutôt contoïdes puisqu'elles présentent toutes les deux un segment non vocalique caractérisé par une rupture formantique. Comme les approximantes, la voyelle précédante est R-colorée : une partie stable et une partie R-marquée pour la variante R-4 et pas de partie stable pour la variante R-5. Dans les variantes approximante et pseudo-approximantes, on distingue donc la voyelle précédant le /R/ proprement dite, plus ou moins stable et suivie d'un autre segment vocalique moins intense aux caractéristiques acoustiques et au timbre proche de celui de [o] qui constitue la coloration R de la voyelle. La variante R-6, voyelle épenthétique, apparait toujours sous forme d'un segment vocalique plus ou moins long et peu intense de timbre [o] (F1 = 400 Hz, F2 = 800 Hz) et non pas d'un schwa comme les phonéticiens la décrivent d'ordinaire (figure 14). La variante fricative R-7 (figure 16), est caractérisée par du bruit avec plus ou moins d'énergie vers 1000 Hz et surtout au dessus de 3500 Hz. La variante R-8, roulée, présente des vibrations sur environ 3 ou 4 périodes avec un profil formantique 570-1600-3200 Hz.

Ces premiers résultats mettent en évidence, d'une part, la complexité de la variable /R/ en terme de réalisations possibles chez un même locuteur et, d'autre part, l'existence de variantes vocaliques ou approximantes très proches acoustiquement de [o] qui seraient à même de favoriser la postériorisation de la voyelle /Ø/ (variantes 1 à 6).

6. Discussion.

J'ai donc présenté un modèle de description de la variation phonétique combinant trois approches complémentaires : orthographique, perceptive et productive. L'application de cette démarche à l'étude des voyelles moyennes arrondies du français a permis de dégager quelques premiers résultats dont certains appellent quelques commentaires. Tout d'abord, il n'existe pas de neutralisation totale de l'opposition. On peut distinguer deux centres de gravité, deux modes, dans la distribution des données, dans la population globale et chez les locuteurs pris individuellement. On pourrait affirmer que les résultats obtenus pour certaines réalisations, c'est à dire une postériorisation des /Ø/ et une antériorisation des /O/ sont dus à la centralisation des voyelles en fonction des styles formels. Poch et al. (1992) ont montré qu'il ne se produit pas, en français, de centralisation réelle en parole spontanée. Je conclurai donc plutôt à une tendance vers la neutralisation, cette dernière s'effectuant plutôt par approximation que par transfert, les deux voyelles se déplaçant l'une vers l'autre (Labov 1994, p. 321). Ceci est vérifié aussi bien dans certaines valeurs formantiques que dans les erreurs orthographiques et dans notre fichier d'exemples. Dans les tests orthographiques, les erreurs sont produites dans les deux sens. Le facteur voyelle n'est pas significatif.

D'autre part, en ce qui concerne le comportement des différents groupes dans la communauté, il est nécessaire de faire ici une différence entre les résultats pour /Ø/ et ceux pour /O/ puisque ce ne sont pas les mêmes facteurs qui sont mis en jeu dans les postériorisations de l'un et les antériorisations de l'autre. Du point de vue de la perception, /Ø/ occupe une zone plus grande, plus postérieure chez les parents alors qu'en production, ce sont les enfants qui postériorisent le plus. Cependant, ces résultats ne concernent pas exactement les mêmes individus. Si on ne considère, en perception, que les résultats des sujets retenus pour l'étude de production, on n'analyse seulement qu'une occurrence par individu. De plus, selon Labov (1994, p. 319), une neutralisation en cours possède deux caractéristiques. D'une part, les individus de sexe féminin sont en avance sur les hommes et d'autre part, la catégorisation et le jugement sont en avance sur la prononciation. Je n'ai pas mis en évidence la première caractéristique dans la population étudiée. L'étude de production ne concernant pas exactement les mêmes individus que l'enquête de perception, il est difficile de discuter la seconde caractéristique avec certitude. Le test de perception révèle une catégorisation plus postériorisée chez les plus âgés alors que le test de production met en évidence une postériorisation de /Ø/ chez les plus jeunes. Ainsi, si on considère la population des 'parents', la catégorisation est bien en avance sur la production. Pour les 'enfants', c'est l'inverse qui se produit.

Isabelle Malderez
Université de Paris 7

Notes

1. La limite entre les deux types de comportement n'est pas rigide et peut être avancée pour certains enfants et reculée pour d'autres.
2. La synthèse des stimuli a été réalisée, avec l'aide de Gérard Bailly à l'Institut de la Communication Parlée à Grenoble. Cf. Guerti & Bailly 1991 ; Bailly & Alissali 1993.
3. La population est socialement homogène : tous les sujets appartiennent aux classes moyennes. Tous sont domiciliés dans l'Oise même si certains, étudiants, résident dans d'autres départements pendant les mois scolaires ou encore effectuent leur service militaire en dehors des limites du département. Tous les sujets les plus jeunes sont nés dans l'Oise et/ou y résident depuis leur plus tendre enfance. Parmi les autres groupes, certains locuteurs sont originaires des départements limitrophes (Somme, Val d'Oise) ou encore d'autres régions (Bretagne, Nord-Pas-de-Calais). Mais tous habitent l'Oise depuis plus de dix ans. Il faut noter que cette recherche ne constitue pas une étude sur les 'parlers' de l'Oise et que certains locuteurs nés dans l'Oise ont changé une ou plusieurs fois de domicile tout en restant à l'intérieur du département.
4. Deux premiers textes sont constitués de nombreuses paires minimales, ou de nombreux mots présentant les variables étudiées. Le premier est un récit

plutôt 'littéraire' et plus difficile à oraliser alors que le second transcrit une discussion plutôt 'familière' entre deux jeunes gens. Le troisième texte présente six paragraphes dont chacun est une accumulation de l'une des six voyelles /ā, u, Ø, O, ɔ̃, y/. Il présente la forme d'une lettre supposée écrite par un enfant dans un style se voulant lui-même enfantin. Lors des entretiens j'ai posé aux sujets des questions différentes en fonction des intérêts de chacun. Cependant j'ai posé une question identique à tous les sujets : celle du 'danger de mort' (Labov 1972). Cette question n'est pas opératoire pour tous les sujets mais généralement les jeunes gens modifient leur façon de parler lors de leur réponse. J'ai aussi demandé aux enfants de me raconter des histoires drôles. Tous n'ont pas voulu le faire mais il est net que, pour ceux qui se sont prêtés à ce jeu, j'ai obtenu des passages de parole très peu contrôlée. Le même résultat a été obtenu en demandant à un des enfants de raconter des extraits de films qu'il affectionnait. Là, la parole obtenue est la moins formelle de tout l'entretien, histoires drôles comprises.

5. Je n'opère pas ici de distinction entre /ø/ et /œ/ d'une part et /o/ et /ɔ/ d'autre part et traite chaque paire comme une variable unique. En effet, la distinction d'aperture, en ce qui concerne les voyelles moyennes ne m'intéresse pas ici et n'est pas abordée dans cette recherche. Aussi, pour des questions de commodité d'expression, j'ai choisi de symboliser les voyelles moyennes arrondies par /Ø/ pour les antérieures et par /O/ pour les postérieures. /Ø/ comprend donc /ə/, /ø/ et /œ/, et /O/ comprend /o/ et /ɔ/. Ces deux symboles ne doivent pas être assimilés à quelques archiphonèmes de la théorie structuraliste. Le statut phonologique des unités /ə/, /ø/ et /œ/ d'une part et /o/ et /ɔ/ d'autre part n'est donc pas induit par l'emploi d'une majuscule.

6. Exercices d'orthographe pour la paire (Ø, O)
'Complète avec e ou o'. Plouf le r....quin r....dait près d.... la plage. Il aperçut un r....ssignol qui r....muait sur le r....bord d'un r....cher. « Que fais-tu là ? lui demanda Plouf. – Je me r....pose mais je vais r....partir sinon je s....rai en r....tard au r....déo – R....viens me raconter quand ça s....ra fini. Moi, je ne peux pas s....rtir de l'eau ! – D'accord ! A plus tard j....li r....quin. »
'Entoure le mot qui convient'. a- Pour me {peser, poser}, j'utilise une balance. b- J'ai buté dans une {motte, meute} de terre. c- L'écureuil est un animal très {poreux, peureux}. d- Il s'est {lové, levé} à 7 heures ce matin. e- Comme il fait froid, j'ai mis mon {bonnet, benêt}.

7. Liste A (divers) : t...lipe, s...leil, p...qûre, m...man, r...blochon, p...ule, f...eur, r...clame, p...mme, c...ub ; liste B (fromages) : c...membert, g...uyère, t...me, c...èvre, r...blochon, b...ie, c...ntal, r...uy, f...urme, c...mté.

8. Les sujets ayant passé le test de perception sont les locuteurs du corpus de français de français parlé.

9. La segmentation des voyelles pour l'étude acoustique a été effectuée manuellement. Pour la mesure des formants l'analyse cepstrale est la plus efficace de celles que j'ai expérimentées. J'ai choisi, pour chaque voyelle, la trame cen-

trale de la zone stable. J'ai enfin utilisé une méthode de normalisation simple et éprouvée afin d'effectuer l'analyse des données formantiques (Nearey 1977). Pour une revue des procédures de normalisations et de leurs validations voir Malderez (1995, pp. 121-130).
10. Présence ou absence du segment, présence ou non de barre de voisement, présence de battements et nombre, présence de formants, valeurs et intensités, présence de bruit, intensité, valeurs des minima et maxima, durée.
11. Place du /R/ dans la syllabe (initiale, médiane, finale), contexte gauche ou droit (sonorité, degré de vocalisation, lieu d'articulation et mode articulatoire pour les consonnes, degré d'ouverture, position des lèvres pour les voyelles).

Bibliographie

Bailly, G. & M. Alissali (1993) : Compost : un serveur de synthèse de parole multilingue. *Traitement du signal*, 9, 4, pp. 359-366.

Fónagy, I. & P. Fónagy (1971) : Helyesírási hibák haszna [Comment faire usage des fautes d'orthographe en hongrois ?]. *Magyar Nyelvör*, 95, pp. 70-89.

Fónagy, I. (1989) : Le français change de visage ? *Revue Romane*, 24, 2, pp. 225-254.

Goudaillier, J.-P. (1985) : Régionalismes du Nord de la France : le cas de Vervins (Aisne), in : Houdebine, A.-M. (éd.) : *La phonologie de l'enfant français de six ans. Variétés régionales*. Buske, Hamburg, pp. 67-84.

Goudaillier, J.-P. (1985) : Régionalismes méridionaux : Les Milles (Bouches-du-Rhône), in : Houdebine, A.-M. (éd.) : *La phonologie de l'enfant français de six ans. Variétés régionales*. Buske, Hamburg, pp. 85-98.

Guerti, M. & Bailly, G. (1991) : Synthesis-by-Rule Using Compost : Modelling Resonance Trajectories. *Eurospeech*, 1, pp. 43-46.

Houdebine, A.-M. (1985) : *La phonologie de l'enfant français de six ans. Variétés régionales*. Buske, Hamburg.

Janson, T. (1986) : Sound Change in Perception : An Experiment, in : Ohala, J. J. & J. J. Jaeger (éds.) : *Experimental Phonology*. Academic Press, Orlando, pp. 253-260.

Labov, W. (1972) : *Sociolinguistic Patterns*. University of Philadelphia Press, Philadelphie. [Traduction française (1976) : *Sociolinguistique*. Seuil, Paris.]

Labov, W. (1994) : *Principles of Linguistic Change. Internal factors*. Blackwell, Oxford.

Laks, B. (1977) : Contribution empirique à l'analyse socio-différentielle de la chute de /r/ dans les groupes consonantiques finals. *Langue française*, 34, pp. 109-125.

Lefebvre, A. (1985) : Les voyelles moyennes. Phonologie d'enfants de la région lilloise, in : Houdebine, A.-M. (ed.) : *La phonologie de l'enfant français de six ans. Variétés régionales*. Buske, Hamburg, pp. 37-66.

Léon, P. (1992) : *Phonétisme et prononciation du français*. Nathan, Paris.

Léon, P. (1993), *Précis de phonostylistique. Parole et expressivité*. Nathan, Paris.

Lindau, M. (1985) : The Story of /R/, in : Fromkin, V. A. (ed.) : *Phonetic Linguistics. Essays in Honor of Peter Ladefoged*. Academic Press, Orlando, pp. 157-168.

Malderez, I. (1995) : *Contribution à la synchronie dynamique du français d'Ile-de-France : le cas des voyelles orales arrondies*. Thèse de Doctorat, Université Paris 7.

Martinet, A. (1958) : C'est joli le Mareuc. *Romance Philology*, 11, pp. 345-355. [Repris dans Martinet, A. (1969) : *Le français sans fard*. Presses Universitaires de France, Paris, pp. 191-208.]

Nearey, T. M. (1977) : *Phonetic Feature Systems for Vowels*. University of Connecticut.

Péretz-Juillard, C. (1985) : Variétés vocaliques et différenciations sociales à Paris, in : Houdebine, A.-M. (éd.) : *La phonologie de l'enfant français de six ans. Variétés régionales*. Buske, Hamburg, pp. 131-166.

Poch, D., B. Harmegnies, L. Aguilar, M.-J. Machuca & G. Martinez (1992) : Analyse de la variabilité phonétique en parole spontanée. Réflexion méthodologique et études de cas, in : *Actes des 19e Journées d'Étude sur la Parole*, Bruxelles, 19-22 mai 1992. Université Libre de Bruxelles, pp. 567-572.

Straka, G. & P. Nauton (1947) : Le polymorphisme de l'r dans la Haute-Loire, *Mélanges 1945 (V, Études linguistiques)*. Les Belles Lettres, Paris, pp. 195-238.

Vaugelas (Favre de), C. (1647) : *Remarques sur la langue française utiles à ceux qui veulent bien parler et bien écrire*. Augustin Courbé & Vve Camusat, Paris [réédité en 1981, Champ libre, Paris].

Walter, H. (1977) : *La phonologie du français*. Presses Universitaires de France, Paris.

Wang, W. S.-Y. (1991) : *Explorations in Language*. Pyramid Press, Tapei.

Wioland, F. (1974) : Contribution à l'établissement de constantes en relation avec la fréquence des phonèmes en français parlé. *Travaux de l'Institut Phonétique de Strasbourg*, 6, pp. 141-164.

La variation phonétique de corpus de français parlé

Tableaux

Tableau 1. Pourcentages d'erreurs au test (e-o) selon les contextes, les voyelles et les niveaux (valeurs statistiques significatives à * + de 95%, ** + de 98%)

		2e année	3e année	4e année	5e année	Pop. totale
résultats globaux	tout contexte	16.9	10.4	6.0	1.1	8.3
p / niveaux	inférieur à					0,01**
erreurs sur /Ø/	tout contexte	17.6	9.8	6.1	1.0	8.3
erreurs sur /O/	tout contexte	15.0	11.0	5.5	1.0	7.8
p / voyelles	inférieur à	0,1	0,6	0,7	0,8	0,5
erreurs sur /Ø/	/R/_ (requin, reviens, …)	23.3	12.9	7.5	1.3	10.9
erreurs sur /Ø/	C_{[-R]_} (serai, sera, …)	10.6	6.1	4.5	0.8	5.3
erreurs sur /O/	/R/_ (rodait, rossignol, …)	21.9	16.4	7.7	1.9	11.6
erreurs sur /O/	C_{[-R]_} (joli, bonnet, …)	5.8	3.8	2.5	0.0	2.9
erreurs sur /R/_	sur les deux voyelles	22.7	14.6	7.7	1.6	11.3
erreurs sur C_{[-R]}	sur les deux voyelles	8.1	4.9	3.5	0.4	4.0
p / contexte	inférieur à	0,01**	0,01**	0,03*	0,06	

Tableau 2. Répartition des graphies sur le mot 'reblochon'

	liste A		liste B		Total	
	e	o	e	o	e	o
répartition	1	5	3	3	4	8
% répartition	17	83	50	50	33	67

Tableau 3. Poids des facteurs extralinguistiques dans la production des voyelles (valeurs statistiques significatives à ** + de 98%).

	Antériorisation de la voyelle /O/	Postériorisation de la voyelle /Ø/
sexe	$p < 0,346$	$p < 0,300$
génération	$p < 0,670$	$p < 0,001$**
style	$p < 0,004$**	$p < 0,140$
individu	$p < 0,016$**	$p < 0,001$**

Tableau 4. Description acoustique des variantes chez b5.

	nom provisoire	Nb d'occ.	%	Profil acoustique
0	chute	8	3	Absence de segment
1	approximante A	54	20	R-coloration de la voyelle: une partie stable et une partie R-marquée <u>absence</u> d'un segment non vocalique
2	approximante B	29	11	R-coloration de la voyelle: pas de partie stable <u>absence</u> d'un segment non vocalique
3	approximante C	6	2	voyelle stable <u>absence</u> d'un segment non vocalique mais R présent à l'audition
4	pseudo-approximante A	49	18	R-coloration de la voyelle: une partie stable et une partie R-marquée <u>présence</u> d'un segment non vocalique
5	pseudo-approximante B	23	9	R-coloration de la voyelle: pas de partie stable <u>présence</u> d'un segment non vocalique
6	voyelle épenthétique	11	4	voyelle épenthétique plus ou moins longue et peu intense de timbre [o] (F1 = 400 Hz, F2 = 800 Hz)
7	R fricatif	87	32	bruit avec plus ou moins d'énergie vers 1000 Hz et surtout au dessus de 3500 Hz
8	R roulé	3	1	vibrations sur environ 3 ou 4 périodes profil formantique des raies: ± 570-1600-3200 Hz

Figures

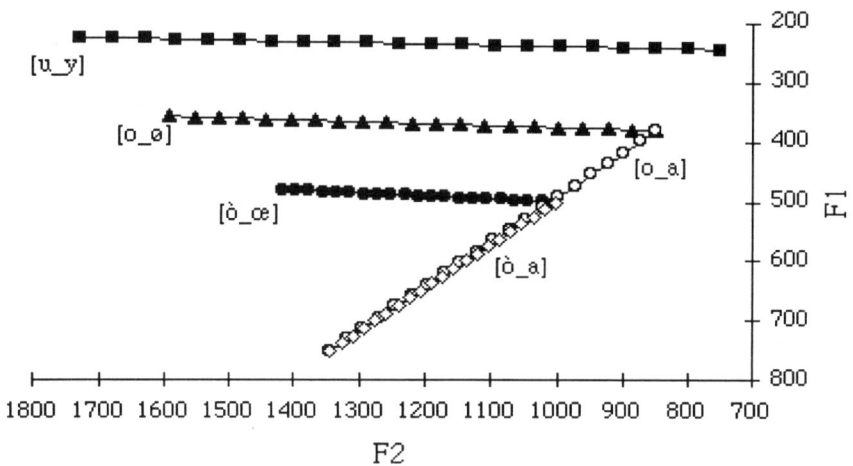

FIGURE 1. Interpolation linéaire des phonotypes

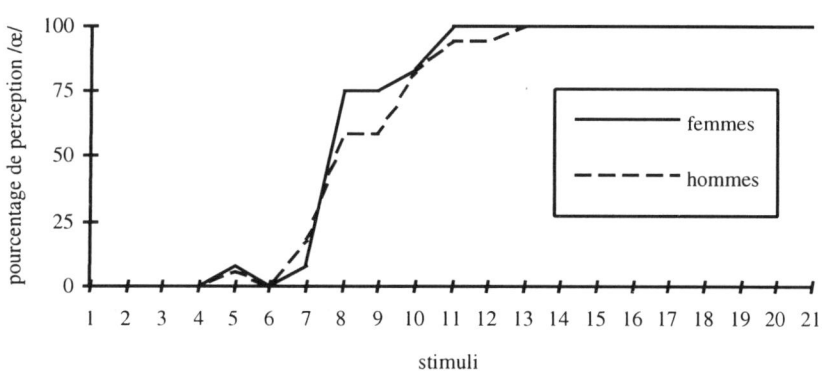

Figure 2.
Courbes de l'indice A pour l'opposition /œ/-/ɔ/ selon les sexes

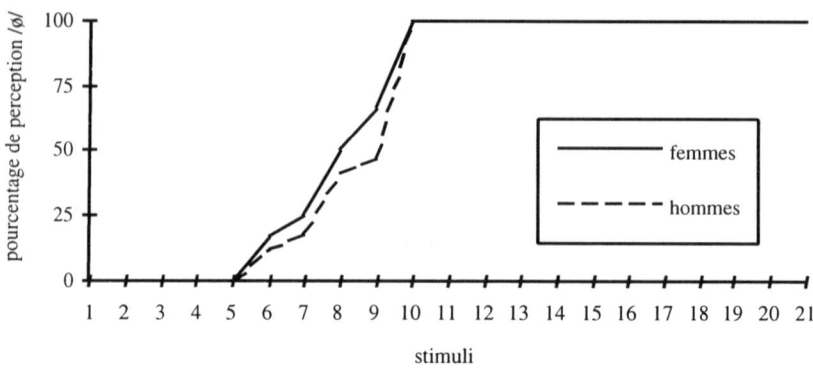

FIGURE 3.
Courbes de l'indice A pour l'opposition /ø/-/o/ selon les sexes

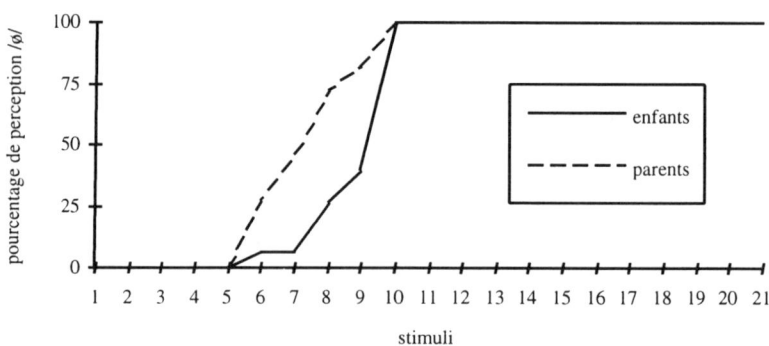

FIGURE 4. Courbes de l'indice A pour l'opposition /ø/-/o/ selon les générations

La variation phonétique de corpus de français parlé   81

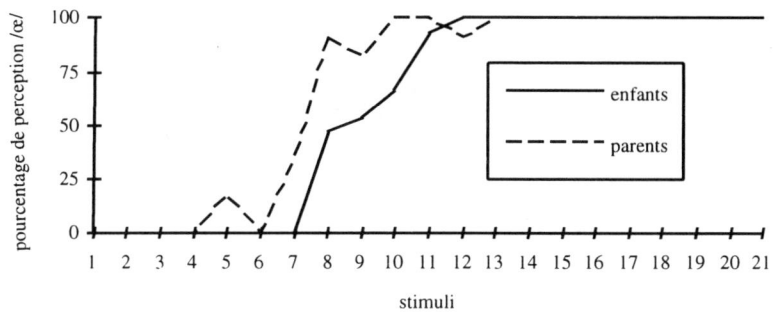

FIGURE 5.
Courbes de l'indice A pour l'opposition /œ/-/ɔ/ selon les générations

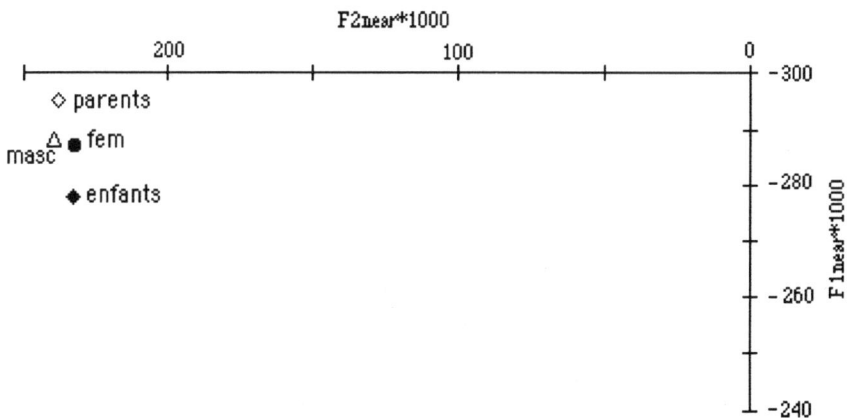

FIGURE 6.
Représentation des réalisations de /O/ selon les catégories de locuteurs

Études Romanes 47 2000

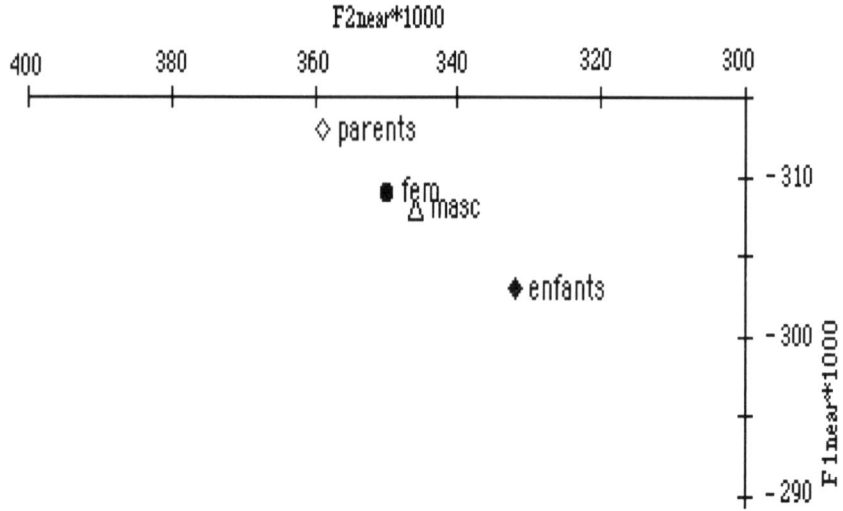

FIGURE 7.
Représentation des réalisations de /Ø/ selon les catégories de locuteurs

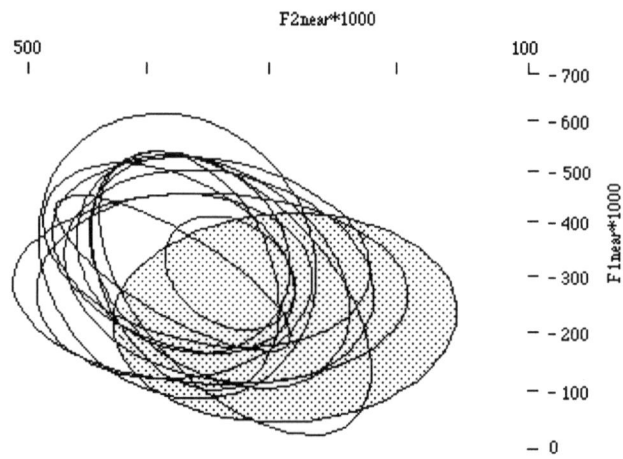

FIGURE 8.
Représentation des ellipses de dispersion pour chacun des contextes
gauches de /Ø/ pour l'ensemble des locuteurs
(le contexte [R] est mis en relief)

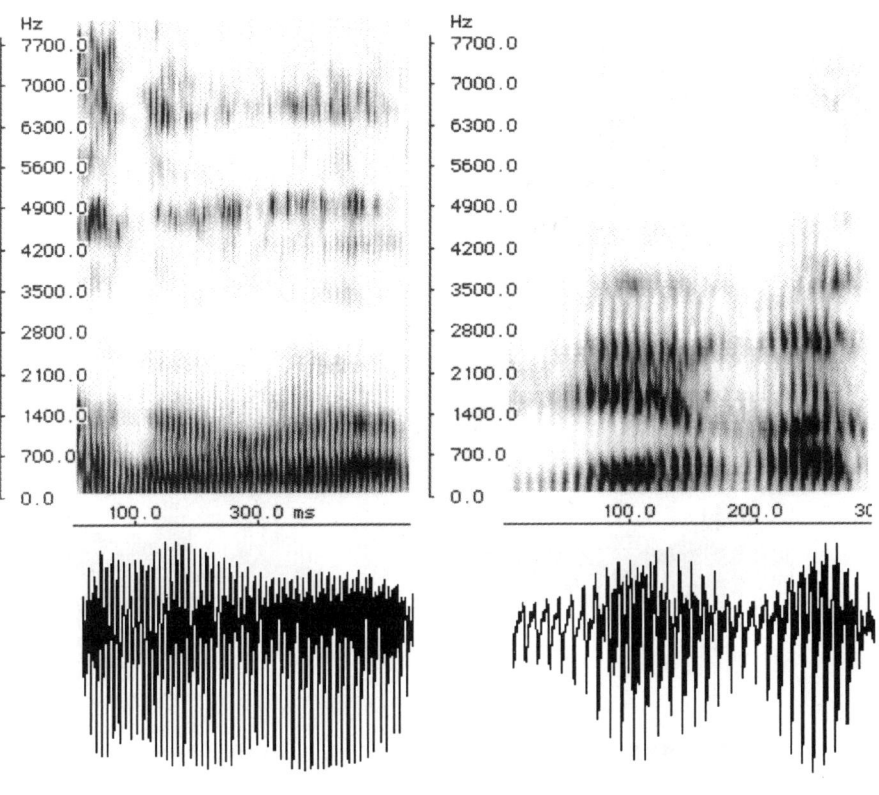

FIGURE 9.
variante 1: approximante A

FIGURE 10.
variante 4: pseudo-approximante A

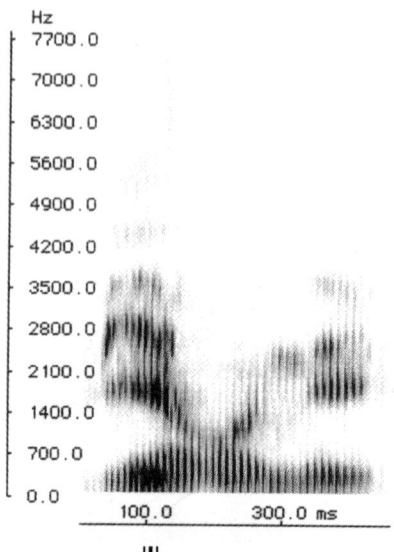
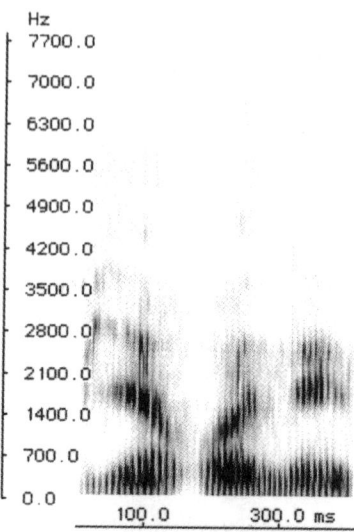

FIGURE 11.
variante 2:
approximante B

FIGURE 12.
variante 5:
pseudo-approximante B

La variation phonétique de corpus de français parlé

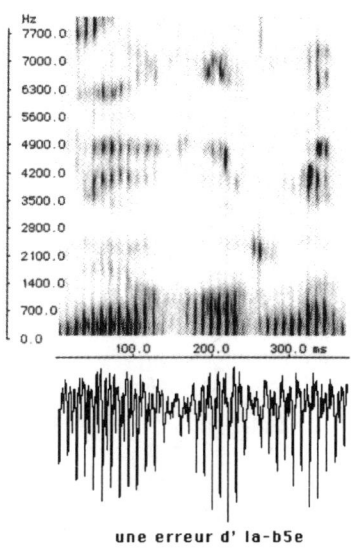
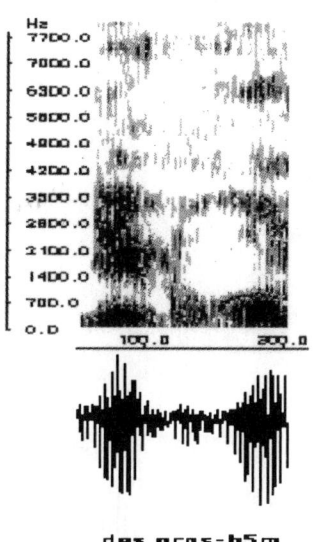

Figure 13.
variante 3:
approximante C

FIGURE 14.
variante 6:
voyelle épenthétique

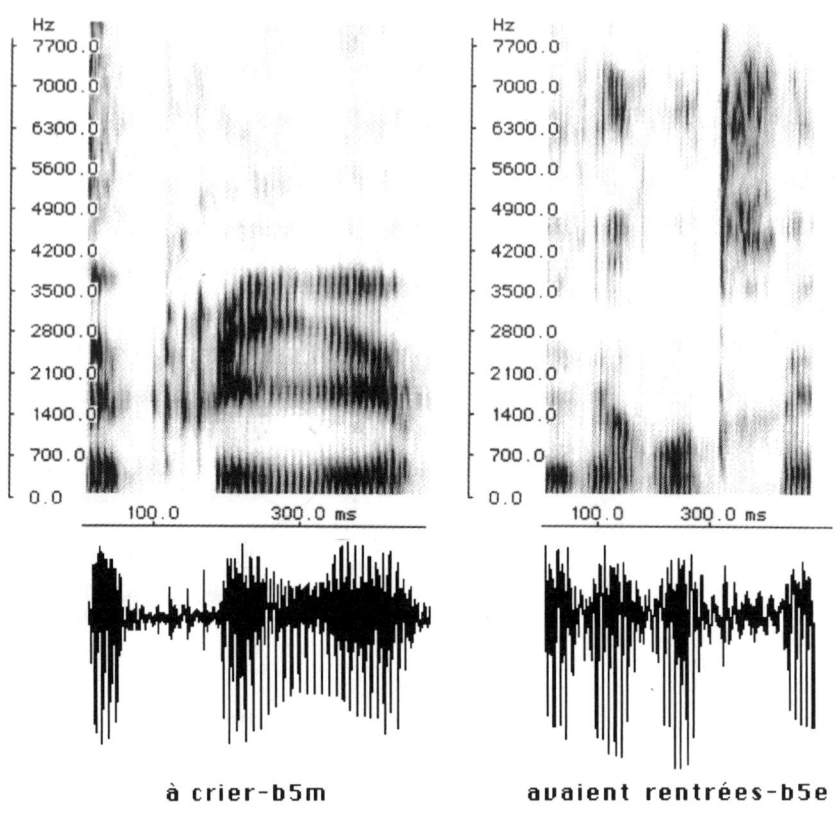

Figure 15. variante 8: R roulé   FIGURE 16. variante 7: R fricatif

La variation phonétique de corpus de français parlé 87

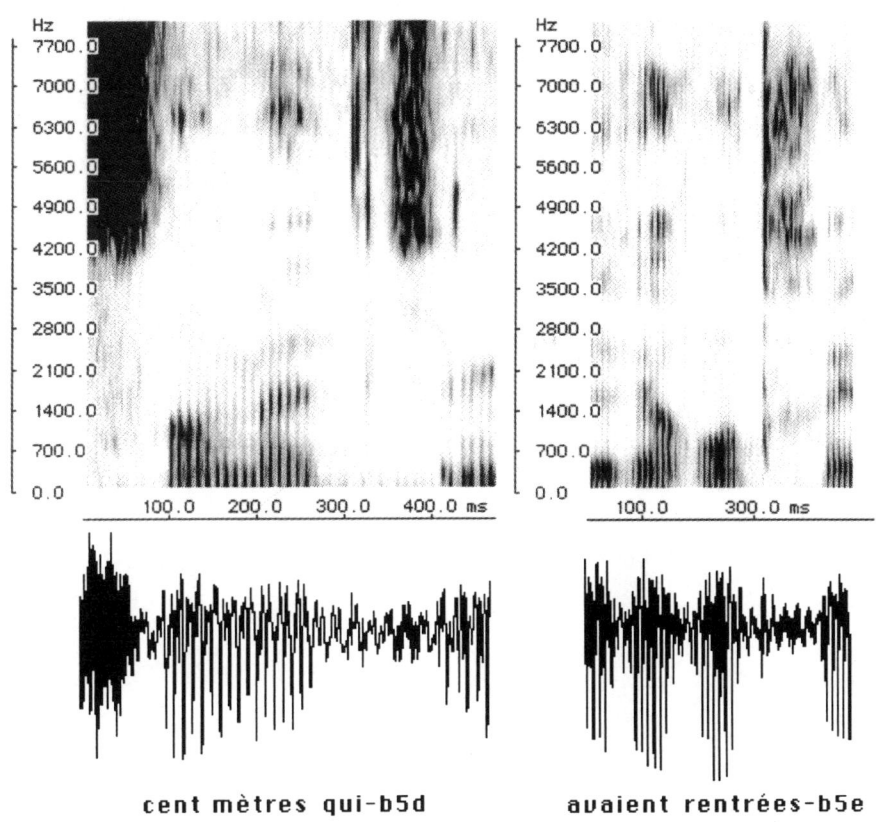

Figure 17.
variante 0: chute

FIGURE 16.
variante 7: R fricatif

Complémentarité des indices du plan segmental et du plan suprasegmental dans l'oral spontané en français

par

Mary-Annick Morel

Je donnerai pour commencer le résultat de l'analyse discursive d'un extrait de discussion entre deux personnes (Brigitte, une étudiante, et Monique, une dame plus âgée), pour pouvoir ensuite expliquer à partir de ce texte les principes que nous mettons en application à Paris III. Ces deux personnes discutent de façon très interactive sur le thème de la mythomanie.

1. Corpus et Analyse en paragraphes[1]

Monique 1- ben oui : : {25} j'avais une : : : {20} une ancienne collègue d/la môme elle était mythomane mais il paraît que les enfants sont presque tous c'est normal °chez les enfants°

Brigitte 1- voilà ça fait partie du jeu j'pense et d'l'éli/de l'illusion

Monique 2- oui : {25} oui {50} et mais elle en grandissant c'était resté puis tu vois elle a trente ans elle l'est toujours {20} elle ment {50} tout l'temps {50} elle peut pas dire les choses comme elles sont {110} s/mais sa mère elle le sait °hein°

Brigitte 2 - {140}eh ben moi $ça m'fascine °des gens comme ça°$

Monique 3- $eh ben ah ben c'est$ pas normal c'est des pervers {50} alors {80} elle {20} par exemple {50} elle racontera un truc et puis alors quand on s'en aperçoit {30} elle se vexe pas du tout en général les gens les mythomanes se vexent pas

Brigitte 3- $oui parce qu'ils ont l'habitude$

Monique 4- §ils s'en fou : :tent {20}§ ils disent oh mais si : oh elle elle dit ah ben si j't'avais raconté l'histoire telle qu'elle est c'était pas marrant <rire> a [elle] dit {30} elle dit ohff ç'aurait intéressé §personne§
Brigitte 4- §donc§ on doit on leur doit d'la reconnaissance finalement mais c'est c'que j'pense {120}
Monique 5- oui si ça ne gêne pas {120} si c'est pas oui mais : : : souvent les vrais mythomanes ils s'en tiennent pas là {50} tu sais c'est des gens qui t'font des coups d'fil anony : : : :mes qui {50} qui envoient des des le : :ttres ils sont perve : :rs ils ont des perversions {110} pa(r)ce qu'i(l) y a c'est quand même côté ciboulot qu'ça va pas {80}
Brigitte 5 - mm peut-être
Monique 6 - ils ont un moi : : inconsistant

Structure en paragraphes
§ 1 Monique1
préambule 1 : lig. lig.+ pdv cadre + supp. disjoint
ben oui : : {25} j'avais une : : : {20} une ancienne collègue d/la môme
    rhème 1
    elle était mythomane
****

préambule 2 = lig. + modus = noyau
mais il paraît
    rhème 2 = noyau
    que les enfants sont presque tous
    rhème 3 = noyau
    c'est normal chez les enfants
****

    Brigitte1 - lig. + rhème 4
    voilà ça fait partie du jeu j'pense et d'l'éli/de l'illusion

§ 2 *Monique 2*
Monique2 - préambule 1 = lig. lig. + lig. + lig. support disjoint cadre
oui : {25} oui {50} et mais elle en grandissant
    rhème
    c'était resté
préambule 2 = lig. lig. cadre

puis tu vois elle a trente ans
    rhème 2
    elle l'est toujours {20}

    rhème 3
    elle ment {50} tout l'temps {50}
∗∗
    rhème 4 = noyau
    elle peut pas dire les choses comme elles sont {110}
préambule = lig. + support disjoint
s/mais sa mère
    rhème 5 = noyau + ponctuant
    elle le sait °hein° {140}
∗∗
      Brigitte2 - lig. + pdv + rhème 6 + postrhème
      eh ben moi§ça m'fascine °des gens comme ça°§
Monique3 - Préambule 3 = lig. lig.
§eh ben ah ben
    rhèmes 7 + 8
    c'est§ pas normal c'est des pervers {50}

§ 3 *Monique3 (suite)*
préambule 1 = lig.+supp. disj.+lig.+cadre+ lig. lig. cadre
alors {80} elle {20} par exemple {50} elle racontera un truc et puis alors
   quand on s'en aperçoit
    rhème 1
    elle se vexe pas du tout
    lig. rhème 2
    en général les gens les mythomanes §se vexent pas
      Brigitte3 - lig. + rhème 3
      §oui parce qu'§ils ont l'habi§tude§
    Monique4 - rhème 4
    §ils§ s'en foutent : {20}
préambule 3 = pdv > DRD = lig. + lig. cadre (inachevé)
ils disent ah mais si :
préambule 4 = lig. + supp. disj. + DRD pdv + lig. cadre
oh elle elle dit oh ben si j't'avais raconté l'histoire telle qu'elle est
    rhème 5
    c'était pas marrant <rire>
préambule 5 = pdv + pdv > DRD = lig.
a [elle] dit {30} elle dit ohff

rhème 6
ç'aurait intéressé §personne§
    Brigitte4 - rhème 7 + modus
    §donc§ on doit on leur doit d'la reconnaissance finalement mais c'est c'que j'pense {120}
Monique5 - lig. + rhème 8 + rhème 9 (inachevé)
oui si ça ne gêne pas {120} si c'est pas

§ 4 *Monique5 (suite)*
préambule 1 = lig. lig. cadre + support lexical disjoint
oui mais : : : souvent les vrais mythomanes
    rhème 1
    ils s'en tiennent pas là {50}
préambule 2 = lig. + support disjoint
tu sais c'est des gens
    rhèmes 2 + 3 + 4
    qui t'font des coups d'fil anony : : : :mes
    qui {50} qui envoient des des le : :ttres
    ils sont perve : :rs ils ont des perversions {110}
    rhème 5 = lig. + focus + postfocus
    pa(r)ce qu'i(l) y a c'est quand même côté ciboulot °qu'ça va pas°
    Brigitte5 - rhème 6
    {80} mm peut-être
Monique6 - rhème 7
ils ont un moi : : : inconsistant

2. Les constituants discursifs de l'oral spontané

Les spécificités de l'oral spontané ont amené à définir de nouvelles unités d'analyse et notamment à retenir le *paragraphe* comme unité supérieure. Le paragraphe présente une structure en trois constituants : le *préambule*, le *rhème* et le *postrhème*, le postrhème étant facultatif. La particularité du français réside dans le fait que les constituants du paragraphe peuvent être rédupliqués.

L'autre propriété typique du français réside dans la forte décondensation du préambule, qui présente une succession de sous-constituants de fonction différente, donnés dans un ordre très contraint.

En premier lieu vient le *ligateur*, qui permet à l'énonciateur d'expliciter sa position vis-à-vis de son interlocuteur (ligateur énonciatif §2 pr2 « tu vois », §4 pr2 « tu sais », §3 pr4 « oh ben »), et la relation qu'il établit avec son propre discours (ligateur syntaxique §3 pr1 « alors », §4 rh5 « parce que »).

Le ligateur est généralement suivi d'un ou plusieurs *indices de modalité* qui marquent soit le *point de vue* (support modal de la prédication qui va suivre : §3 pr4 « oh elle elle dit »), soit la modalité épistémique ou appréciative associée à la prédication qui va suivre (que nous appelons *modus dissocié*). Le français se caractérise par l'abondance des marques de modalité et le changement fréquent de point de vue. Le début de l'intervention de Monique nous en fournit un exemple clair. Après avoir centré sur son expérience personnelle « j'avais une ancienne collègue », elle donne une allure générique à son point de vue « il paraît que les enfants ». Le réhaussement de la plage intonative souligne le souci qu'elle a de recueillir le plus vite possible le consensus de son interlocutrice sur cette vérité « c'est normal chez les enfants ».

Vient ensuite le cadre, destiné à opérer un cadrage sur une zone référentielle et à restreindre le champ interprétatif de ce qui va ensuite être dit. L'ensemble du dialogue présente, de fait, un cadrage différent au début de chaque nouveau paragraphe : §1 « j'avais une ancienne collègue », §2 « [mais] elle en grandissant » et « [puis tu vois] elle a trente ans », §3 « [elle] par exemple elle racontera un truc et pis alors quand on s'en aperçoit », §4 « [mais] souvent les vrais mythomanes ».

Le dernier segment potentiel du préambule se présente, enfin, comme le *support disjoint* de la prédication qui lui fait immédiatement suite dans le rhème. Lorsqu'il s'agit d'un groupe substantival simple, il est repris dans le rhème par un pronom personnel qui explicite sa fonction : §1 « la môme » repris par « elle », §4 « les vrais mythomanes » repris par « ils ». Lorsque l'existence du référent du support disjoint est construite par un présentatif, le référent est en général repris par un pronom relatif, qui lui assure le statut de sujet de la prédication qui suit : §4 pr2 « c'est des gens » est repris deux fois par « qui ». Le préambule 1 du §1 nous offre toutefois un exemple typique de la restriction par juxtaposition pure et simple du support disjoint que le français autorise « j'avais une ancienne collègue » est donné comme cadre référentiel pour permettre l'identification du vrai support « la môme ».

Nous définissons ensuite le *rhème* comme le constituant où l'énonciateur tient à marquer la différenciation de son propre point de vue en fonction des attentes et de la position qu'il prête à celui auquel il s'adresse. Vu la très forte décondensation du préambule, le rhème français est en général très bref (en durée et en mots.) Cette propriété se retrouve là encore dans les propos de Monique, cf. entre autres §1 « c'est normal », §2 « c'était resté », « elle l'est toujours », etc.

Le rhème est parfois terminé par un ponctuant (« hein, quoi, bon », etc.) qui vient spécifier a posteriori l'attitude de l'énonciateur à l'intérieur de la coénonciation. Alors que le « quoi » traduirait un repli sur soi, une position égocentrée, le « hein » final du §2 rh2 « mais sa mère elle le sait °hein° », bien que peu modulé, souligne le désir de l'énonciatrice de voir une convergence d'intérêt sur ce point.

Quant au *postrhème*, il se caractérise par un faisceau de traits : il vient immédiatement après le rhème, il n'en est jamais séparé par une pause, il est toujours en intonation basse et non modulée, il ne présente pas de remontée de F0 à la finale. Le postrhème a pour rôle de redonner a posteriori le référent d'un argument du rhème : §2 Brigitte2 « [eh ben moi ça m'fascine] °des gens comme ça° ». Marqué intonativement par la chute conjointe de F0 et de l'intensité, le postrhème démarque toujours une fin de paragraphe. Il souligne qu'il a totalement échappé à la connaissance de l'autre. Monique se sent du reste obligée de développer davantage son propre point de vue « eh ben ah ben c'est pas normal c'est des pervers ».

3. Valeur des indices suprasegmentaux

Si les constituants discursifs sont aisément identifiables au plan segmental, il n'en va pas de même pour la structure en paragraphe qui est donnée uniquement par l'intonation. Voyons ce qu'il en est ici.

Nous postulons que chaque indice (hauteur de F0, intensité (I), durée et pause-silence) a une valeur iconique de base, puis une valeur conventionnelle, qui n'apparaît que lorsqu'on analyse l'association de plusieurs indices, telle que F0 et I, ou F0 et durée.

La pause-silence. On différencie deux types.
- La pause respiratoire courte (20-30 cs), contrainte biologiquement (on respire vingt fois par minute), n'a pas de valeur particulière, mais elle n'intervient jamais au milieu d'un mot, ni même au milieu d'un constituant syntaxique. Le texte en renferme un assez grand nombre, fait qui est lié à la nature très interactive du dialogue et à la peur de la locutrice Monique de se voir prendre la parole par un silence trop prolongé.
- La pause moyenne (de 40 à 80 cs) et la pause longue (de 100 cs ou plus) ont plus particulièrement pour rôle d'homogénéiser tout ce qui précède, et de donner du relief à ce qui suit, en quelque sorte de le rhématiser. Elle peut en particulier s'insérer entre le verbe et son complément ou entre le nom et sa détermination. Le texte en renferme un exemple, dans le §2 rh3 « elle ment {50} tout l'temps {50} », l'adverbe « tout l'temps » est encadré par deux pauses de 50 cs qui servent à souligner le caractère permanent du mensonge chez la jeune femme mythomane.

L'intensité, pour sa part, joue un rôle central du droit à la parole.

Valeur de I+ Un rehaussement d'intensité marque le désir qu'on a de maintenir ou de conserver son droit à la parole, notamment lors de chevauchements occasionnés par la prise de parole soudaine de l'interlocuteur. On l'observe à la fin du §1, lorsque Brigitte s'est octroyé le droit de donner son point de vue « voilà ça fait partie du jeu et de l'éli/ de l'illusion ». Monique, désireuse d'aller jusqu'au bout de sa pensée, hausse l'intensité sur les ligateurs consensuels « oui oui », ce qui va lui permettre de garder finalement la parole. Il en va de même au §2 sur le rhème 4 « ils s'en foutent ». La hausse d'intensité lui permet là aussi de continuer.

- *Valeur de I- F0-* La chute de l'intensité est, au contraire, interprétable comme une fin de tour de parole, notamment si F0 chute en même temps. Elle est toujours l'indice pour l'interlocuteur de la possibilité qui lui est offerte d'intervenir à son tour et de montrer son intérêt pour l'objet de discours. A la suite du rhème 1 du §3 « elle se vexe pas du tout », qui est marqué par une forte montée de F0 et de l'intensité, Monique baisse l'intensité pour introduire sa généralisation « en général les gens les mythomanes se vexent pas ». Brigitte saisit l'occasion de cette baisse pour donner son appréciation personnelle « oui ils ont l'habitude ».

- *Valeur de I- F0+* Reste l'association de la chute de l'intensité et de la montée de F0, qui marque de façon régulière la fin d'un préambule, cf. §2 « puis tu vois elle a trente ans ». Cette marque est également utilisée pour recatégoriser tout un ensemble rhématique en en faisant le préambule de la suite, cf. §2 rhème 1 « et mais elle en grandissant c'était resté ». Ayant compris l'instruction donnée par cet indice, Brigitte n'essaiera pas de prendre la parole.

La durée. Le français se caractérise par une grande stabilité dans la durée des syllabes. Tout allongement dans la durée est la trace d'une opération supplémentaire. Il accompagne régulièrement une difficulé dans la formulation. L'allongement n'est donc pas en français une marque de fin de constituant, mais c'est plutôt l'indice de ce qui reste encore à dire. Le dialogue en renferme un certain nombre : §1 pr.1 la syllabe allongée de l'article « une » manifeste une recherche sur la structuration syntaxique de la prédication que Monique veut faire. On voit du reste une trace de la difficulté qui est la sienne dans le phonème « d » (parfaitement audible à l'écoute) qui reste en suspens. Le choix de la construction syntaxique 'correcte' à savoir « j'avais une ancienne collègue dont la môme était mythomane » ne correspondrait pas à ce qu'elle veut exemplifier : ce n'est pas de son ancienne collègue qu'elle veut parler, mais de la fille de cette dernière. Son hésitation est donc liée à la recherche de la construction syntaxique qui lui permettrait de donner à « une ancienne collègue » la valeur d'un double cadrage par rapport à son vécu à elle et par rapport au support de la prédication qui va suivre « la môme ». Or elle ne peut y parvenir qu'en brisant le lien déterminatif entre les deux référents et en procédant par juxtaposition.

Les variations de la hauteur mélodique[2] servent à gérer la co-énonciation, et à expliciter la représentation qu'on se fait de la pensée de celui auquel on s'adresse. La mélodie présente, en effet, quelque chose de primaire et d'iconique.

La montée intonative correspond à un appel à convergence lancé à l'autre, mais c'est aussi une façon d'imposer le consensus sur un point précis. C'est ce qui se passe en particulier dans la focalisation. La montée conjointe du fondamental et de l'intensité signifie toujours que l'on a besoin de croire, pour pouvoir continuer, que l'autre pense comme soi.

Valeur de I+ F0+.
La conjonction de la montée de F0 et de la hausse de l'intensité marque, de façon régulière, le forçage de la convergence des points de vue sur un point particulier du développement, qu'il s'agisse de marquer la focalisation dans le rhème cf. §4 rh.5 « c'est quand même côté ciboulot » ou la modalisation §2 rh.1 sur la négation « pas du tout » [elle se vexe pas du tout] ; ou bien encore de contraster les propriétés d'un élément par rapport aux autres éléments du même paradigme (ici en l'occurrence les adultes atteints de mythomanie, par opposition aux enfants), cf. début du §2 pr.1 « mais elle ».

La chute du fondamental marque, au contraire, le repli sur soi de l'énonciateur, le retrait de la mise en jeu d'une pensée autre. Elle signifie quelque chose comme « je suis à l'écoute de mon discours intérieur que je m'apprête à verbaliser » ou encore « je n'ai nullement l'intention de soumettre ce point à la discussion ». C'est pourquoi les hésitations sont systématiquement marquées par une chute de F0, conjointe au maintien de l'intensité.

4. Propriétés suprasegmentales du paragraphe oral
Les indices du plan suprasegmental sont de ce fait indispensables pour délimiter des unités plus larges, des paragraphes complexes, caractérisés par la réduplication du préambule et/ou du rhème.

La fin d'un paragraphe est en général marquée par la descente conjointe de F0 et de l'intensité : fin du §1 sur « enfants », fin du §3 sur « marrant », etc. La liaison entre les différents constituants discursifs à l'intérieur d'un

Les indices des plans segmental et suprasegmental dans l'oral spontané 97

même paragraphe est d'autre part assurée par la ligne de déclinaison de F0 observable à la finale des constituants de même nature. Ainsi la liaison entre deux préambules ou deux rhèmes successifs est assurée par le fait que la hauteur de la syllabe finale du deuxième n'est jamais plus forte que celle du premier.

§2 *préambule 1* mais elle H3	
en grandissant H3	
	rhème 1 c'était resté H3
pr2 et e : tu vois H2+ elle a trente ans H2+	
	rhèmes 2 + 3 elle l'est toujours H2- elle ment {} tout l'temps H2-

L'autre propriété typique du français (et peut-être la plus importante) réside dans la recatégorisation qu'effectue la remontée de F0 en finale de rhème. Un ensemble [préambule + rhème] terminé par une forte remontée de F0 (souvent associée à une baisse de l'intensité) acquiert de ce fait une nouvelle valeur de préambule pour la suite.

§3 *préambule 1* alors elle par exemple elle racontera un truc et puis alors quand on s'en aperçoit	
	rhème 1 elle se vexe pas du tout H4
Préambule 1 + rhème 1 > préambule pour rhème 2	
	rhème 2 en général les gens les mythomanes se vexent pas

Il me reste à évoquer la dernière propriété du français, concernant la rupture dans la ligne de déclinaison. Le réhaussement de la plage de F0 marque toujours un changement de plan énonciatif. Il est souvent l'indice du passage à un autre point de vue, démarquant ainsi l'initiale d'un nouveau paragraphe. Il est aussi l'indice d'une stratégie argumentative particulière, où l'énonciateur choisit de baliser son discours par des gloses en plage haute, destinées à prévenir une inattention de celui auquel il s'adresse sur ces arguments-noyaux de son exposé. C'est ce que l'on observe dans le §1 : le deuxième ensemble (pr2 + rh2 rh3) « mais il paraît que les enfants sont presque tous c'est normal chez les enfants » est intoné plus haut que le précédent. Ce passage en plage haute signale que le noyau de l'argumentation va porter non sur l'exemple spécifique de la fille de la collègue, mais sur les enfants en général, auxquels seront opposés, immédiatement après, les adultes. Cette stratégie de marquage des noyaux argumentatifs par une plage plus haute de F0 se retrouve de fait dans la suite du discours. Ainsi au §2, après avoir mis en place le passage à l'âge adulte de la fille de la collègue « elle a trente ans », elle introduit sous forme de noyau réhaussé l'autre volet de son argumentation, à savoir « elle peut pas dire les choses comme elles sont {110} mais sa mère elle le sait hein ». Ce noyau lui sert en quelque sorte de tremplin pour passer au paragraphe suivant §3, dont la plage intonative est encore rehaussée jusqu'au niveau H4 « alors elle par exemple » et « et pis alors quand on s'en aperçoit ».

Les indices des plans segmental et suprasegmental dans l'oral spontané 99

1§ *préambule* 1 j'avais une : : {25} une ancienne collègue d/la môme	
	rhème 1 elle était mythomane
Noyau = mais il paraît que les enfants sont presque tous c'est normal chez les enfants	
§2 *préambule* 1 mais elle en grandissant H3	
	rhème 1 c'était resté H3
*pr*2 et e : tu vois H2+ elle a trente ans H2+	
	rhèmes 2 + 3 elle l'est toujours H2- elle ment {} tout l'temps H2-
Noyau = elle peut pas dire les choses comme elles sont mais sa mère elle le sait hein	
§3 *préambule* 1 alors elle par exemple elle racontera un truc et puis alors quand on s'en aperçoit	
	rhème 1 elle se vexe pas du tout H4

Conclusion
L'analyse de ce petit extrait de dialogue oral spontané aura permis, je l'espère, d'illustrer les propriétés majeures du français, que je vais rapidement récapituler. L'unité d'analyse, le paragraphe, comporte au minimum un rhème précédé d'un préambule. Il peut être terminé par un segment en intonation basse et plate, le postrhème. Le préambule est en général fortement décondensé. On y trouve un certain nombre de constituants juxtaposés, qui se suivent dans un ordre contraint : ligateur, indice de point de vue, modus épistémique, cadre et enfin support disjoint (construit ou non

par un présentatif existentiel.) La cohésion de ces segments juxtaposés est assurée par les indices suprasegmentaux et notamment par les variations de hauteur mélodique. La fin d'un paragraphe est en général marquée par la chute conjointe de F0 et de l'intensité, alors que la finale du préambule se caractérise par la forte remontée de F0 sur la syllabe finale en association avec la chute de l'intensité. L'unification d'un paragraphe complexe se réalise également par le jeu des indices suprasegmentaux, notamment par la ligne de déclinaison qui affecte les finales des constituants de même nature.

La conventionnalisation de la conjonction des indices suprasegmentaux en français dérive de leur valeur iconique de base, dont nous avons pu d'ores et déjà constater qu'elle se retrouve dans un grand nombre d'autres langues de typologie variée (anglais, grec, turc, thaï, roumain entre autres).

Mary-Annick Morel
Université de Paris III

Notes

1. – Notations : § superposition de parole / {} durée des pauses en centisecondes / majuscules : accent perçu à l'écoute / : allongement de la syllabe / °° marque un segment décroché vers le bas / H1 ou H2 etc. : niveau de F0 (entre 1 et 4) / I+ I- I= : variations de l'intensité.
   – Abréviations : § paragraphe / pr : préambule / rh : rhème / pdv : point de vue.
2. Pour réaliser l'analyse de la valeur des variations de F0 dans un extrait de discours, nous divisons la plage intonative du locuteur en quatre niveaux, le niveau 4 correspondant aux points les plus hauts et le niveau 1 aux points les plus bas, ce qui permet d'avoir des repères stables pour expliquer les phénomènes de variation.

Bibliographie

Bally, Ch. (1932) : *Linguistique générale et linguistique française*. Leroux, Paris.

Culioli, A. (1974) : A propos des énoncés exclamatifs. *Langue Française*, 22, pp. 6-15.

Damourette, J., E. Pichon (1969) : *Des mots à la pensée. Essai de Grammaire de la Langue Française* (IV, pp. 305-352). D'Artrey, Paris.

Danon-Boileau, L. (1994) : La personne comme indice de modalité. *Faits de Langues*, 3, Paris, pp. 159-168.

Danon-Boileau, L., A. Meunier, M.-A. Morel & N. Tournadre (1991) : Intégration discursive et intégration syntaxique. *Langages*, 104, pp. 111-128.

Danon-Boileau, L. & M.-A. Morel (1994) : L'oral ou comment simplifier l'écoute de l'autre. *Cahiers du Français Contemporain*, CREDIF-Saint Cloud, pp. 265-292.

Frei, H. (1929) : *La grammaire des fautes*. Slatkine Reprints, Genève 1972.

Ladd, D.R. (1984) : Declination : a review and some hypotheses, in : Ewen, C.J. & J.M. Anderson (éds.) : *Phonology Yearbook*, 1, CUP, London, pp. 53-74.

Lambrecht, K. (1981) : Topic, antitopic and verb-agreement in non-standard french. *Series Pragmatics and Beyond*, Benjamins, Amsterdam.

Lambrecht, K. (1987) : On the Status of SVO Sentences in French Discourse, in : Tomlin, R.S. (éd.) *Coherence and Grounding in Discourse*, Benjamins, Amsterdam, pp. 217-261.

Morel, M.-A. & A. Rialland (1992) : Emboîtements, autonomies, ruptures dans l'intonation française. *La subordination*, Travaux Linguistiques CERLICO, pp. 221-243.

Morel, M.-A. (1992) : L'opposition Thème / Rhème dans la structuration des dialogues oraux. *Journal of French Language Studies*, 2, pp. 61-74.

Morel, M.-A. (1995) : Valeur énonciative des variations de hauteur mélodique en français. *Journal of French Language Studies*, 5, 2, Cambridge, pp. 189-202.

Morel, M.-A. (1997) : Le paragraphe : unité d'analyse de l'oral spontané, in : Dürrenmatt, J. & C. Ranoux (éds.) : *Hommage à Jean-Pierre Seguin*, Université de Poitiers.

Morel, M.-A., L. Danon-Boileau (1998) : *Grammaire de l'intonation. L'exemple du français*. Ophrys (Bibliothèque de Faits de Langues), Paris-Gap.

Weil, H. (1844) : *De l'ordre des mots dans les langues anciennes comparées aux langues modernes. Question de grammaire générale*. Didier Erudition, Paris (réédition 1991).

Yule, G. (1980) : Speakers' Topics and Major Paratone. *Lingua*, 52, North-Holland Publishing Company.

Annexe : Tracés mélodiques.

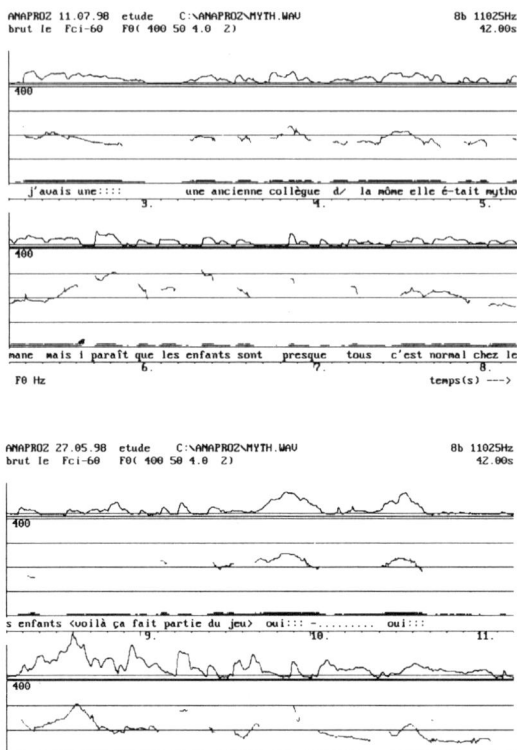

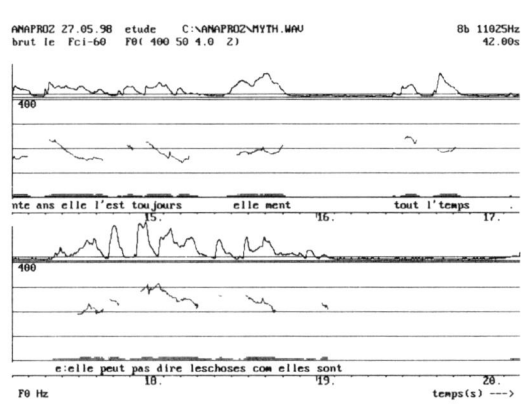

Les indices des plans segmental et suprasegmental dans l'oral spontané 103

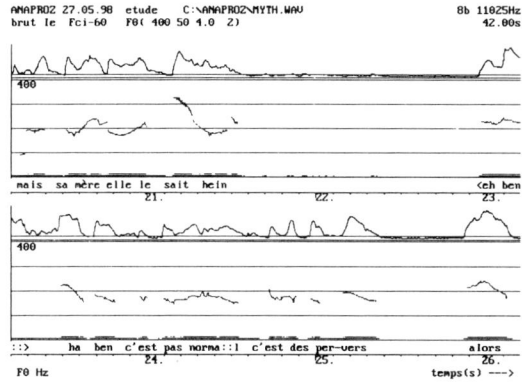

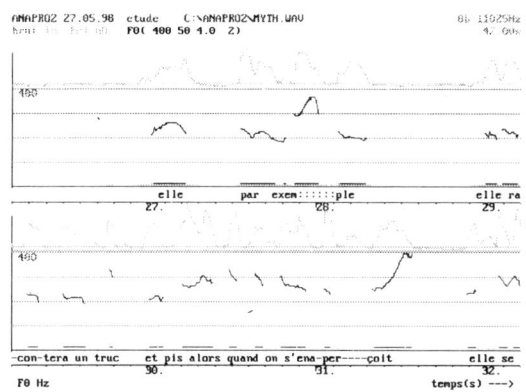

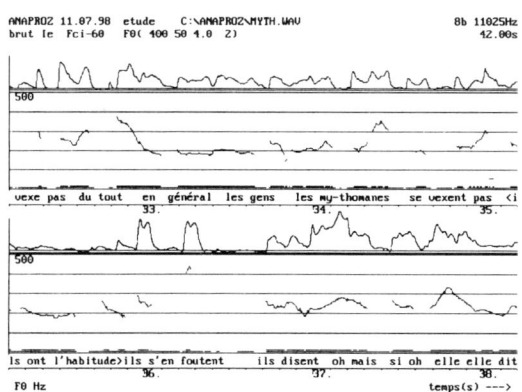

104 Mary-Annick Morel

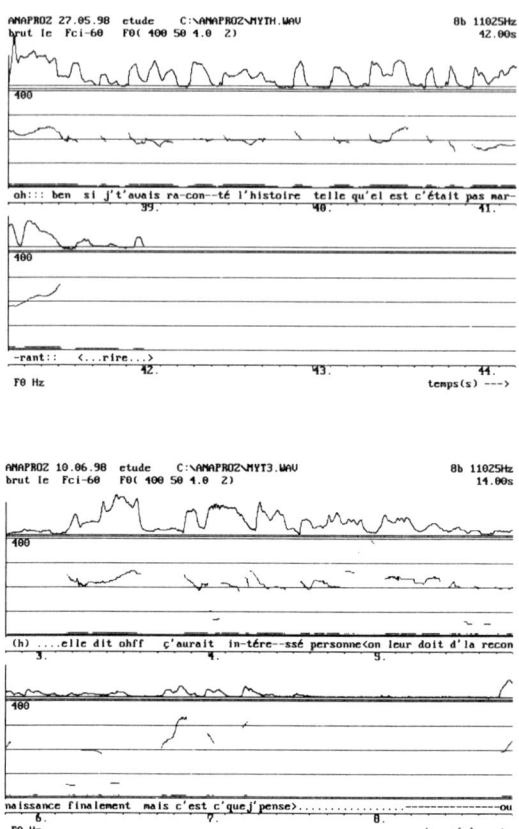

Le statut de la forme zéro
du complément d'objet direct
en français moderne[1]

par

Lene Schøsler

0. Introduction

Dans ce qui suit, nous allons nous pencher sur le problème du statut de l'absence du complément d'objet direct ou – dans notre terminologie – la forme zéro du P1[2] en français moderne. La question que nous aborderons sera la suivante : la forme zéro du P1 est-elle uniquement déterminée par des facteurs pragmatico-thématiques et syntaxiques ou bien relève-t-elle aussi des sélections particulières de chaque verbe, en d'autres termes : la forme zéro, entre-t-elle dans le paradigme valentiel des verbes ? Le point de vue que nous défendrons est que les facteurs non valentiels jouent certes un très grand rôle dans l'absence ou la présence des membres valentiels, mais qu'en dehors de ce type de facteurs il existe d'autres restrictions concernant la forme zéro du P1 que l'on peut seulement décrire et expliquer à partir d'une analyse valentielle. Le résultat de nos investigations montrera que l'analyse valentielle se dégage plus clairement à partir d'une analyse du français parlé qu'à partir du français écrit. Nous soulignons donc la nécessité de séparer les différents niveaux de langage et le besoin de disposer de corpus répertoriés sur ces niveaux.

Notre étude s'articule de la façon suivante : Nous commencerons par une discussion de quelques analyses proposées par d'autres chercheurs (section 1). Ensuite, nous évoquerons différentes conditions déterminant l'absence ou la présence des membres valentiels d'un verbe, avant d'esquisser une typologie de la forme zéro (section 2). Dans la section 3 nous déterminerons le rôle de la valence pour la forme zéro. La section 4 contient notre conclusion. La méthode d'investigation appliquée est celle de l'Approche Pronominale, qui définit chaque fonction valentielle par sa proportionalité avec un paradigme pronominal specifique (voir Blanche-Benveniste et alii (1984). Nous nous servirons du vocabulaire de cette approche, voir note 2.

1. L'analyse de la forme zéro du P1 proposée par d'autres chercheurs

Le statut de la forme zéro du P1 a été beaucoup discuté et les opinions à ce sujet diffèrent. Dans cette section, nous citerons un échantillon d'avis très divergents qui se laissent regrouper selon trois positions. Selon la première position, la forme zéro est presque toujours possible ; les chercheurs qui défendent cette position ne reconnaissent pas de règles déterminant l'absence du P1. Nous citons Blinkenberg (1960) et Boons, Guillet & Leclère (1976) comme représentants de cette prise de position. La deuxième position, selon laquelle la forme zéro n'est pas possible, est adoptée par plusieurs chercheurs. Nous citons comme représentants de cette opinion Ouhalla (1994, pp. 278 ss.) Huang (1984, pp. 531 ss.) et Roberge (1990, p. 177). La troisième position est plus nuancée, car elle est défendue par les chercheurs qui sont d'avis que différentes restrictions déterminent la possibilité ou l'impossibilité de la forme zéro. Les restrictions proposées varient : restrictions surtout liées à la valence (Yaguello 1998a) ou bien un jeu combiné de plusieurs types de restrictions (Larjavaara à paraître, a et b, Oesterreicher 1991, et Lambrecht & Lemoine 1996).

1.1. La forme zéro est toujours possible.
Dans le livre de référence de Blinkenberg (1960), l'auteur affirme que :

> La possibilité d'une intransitivité occasionnelle par ellipse existe pratiquement pour tous les verbes transitifs, si la situation s'y prête. (1960, pp. 108-09)

Cette opinion est partagée par Boons et alii, membres du Laboratoire d'Automatique Documentaire et Linguistique (LADL) qui affirment (1976, pp. 267-268) :

> ...si l'on met de côté les verbes composés et les expressions du type *prendre plaisir, donner suite, etc.*, on se rend compte que l'objet direct est très rarement obligatoire. Quelques cas indubitables sont fournis par une petite classe de verbes (une cinquantaine environ) qui dénotent une opération de mesure ... Pour pratiquement tous les autres verbes transitifs, il semble possible de trouver un contexte où l'emploi N_0V est acceptable voire vraisemblable dans la performance quotidienne. Les cas les plus rebelles apparaissent avec les emplois statiques comme par exemple :

> *La rivière longe la route,*
> pour lequel la sous-structure N_0V
> *?*La rivière longe,*
> présente un degré d'acceptabilité tout aussi faible ; cependant, une manipulation stylistique simple, comme la mise en opposition de deux phrases, introduit une nette amélioration :
> *Cette rivière longe, tandis que l'autre s'écarte.*

Nous n'avons aucunement l'intention de contester les analyses du LADL. LADL a en outre, comme on le sait, l'avantage de se baser sur une documentation très vaste. Nous nous permettons pourtant quelques observations. Notons d'abord que les expressions « très rarement » et « pratiquement tous les autres verbes » sont des expressions très vagues. Selon le LADL, il y a des verbes à optionalité facile – comme le verbe *manger* – et des verbes à optionalité problématique, où il faut trouver un contexte particulier et parfois assez bizarre comme dans le cas du verbe *longer* – pour accepter la forme zéro. Nous pensons que la meilleure façon de décrire la situation est de distinguer d'une part les ellipses contextuelles, stylistiques, etc., qui valent pour tous les verbes, et d'autre part d'examiner les cas déterminés par la valence du verbe qui s'observent dans un contexte « neutre ». C'est cela que nous nous proposons de faire dans les sections 2 et 3. La forme zéro du P1 du verbe *manger* ne pose pas de problème, dans l'un ou l'autre des contextes. La forme zéro du P1 du verbe *longer*[3] est impossible dans un contexte « neutre », mais possible dans un contexte particulier, comme l'opposition de deux phrases décrite dans la citation. C'est là la raison pour laquelle nous proposons d'inclure l'optionalité – mais seulement l'optionalité dans un contexte « neutre » – dans la description valentielle du verbe.

1.2. La forme zéro n'est pas possible.

Il nous semble superflu d'insister sur une analyse contraire à celle illustrée dans 1.1., mais évidemment erronée, selon laquelle la forme zéro du P1 serait exclue en français – comme d'ailleurs aussi en anglais. C'est une analyse basée sur la grammaire générative, et on la trouve citée par ex. chez Lambrecht et Lemoine (1996, pp. 279 ss.) qui la discutent en la rejetant. Nous reproduisons ici quelques citations :

> [Hot languages are those for which] pronouns cannot in general be omitted from grammatical sentences, and the information required to understand each sentence is largely obtainable from what is overtly seen and heard in it. ... English and French are among the 'hot' languages. (Huang, 1984, pp. 531 ss.)

> ... in languages with object clitics, one never finds a simple sentence where both the object clitic and the lexical NP object are missing (when the verb subcategorizes for an object). (Roberge, 1990, p. 177)

Dans la grammaire générative, la forme zéro des membres valentiels est souvent mise en rapport avec la richesse morphologique de la langue (voir par ex. Lambrecht et Lemoine, 1996, p. 280). D'autres chercheurs rejettent néanmoins cette explication (voir Amary 1997 et Ouhalla 1994) du fait qu'elle est contredite par les faits :

> ... the fact that English does not allow null arguments is not so much due to the absence of overt (subject and object) agreement inflection. Recall that Italian allows null objects even though it lacks overt object agreement inflection. Rather, it is due to the assumption that English lacks categories which can license *pro* as a lexical property. It is this lexical property which accounts for the parametric distinction between English on the one hand and Italian and Chichewa on the other. (Ouhalla, 1994, p. 281)

Ajoutons que Ouhalla distingue deux types de « null arguments », la forme zéro anaphorique et la forme zéro générique, auxquels nous reviendrons par la suite (section 2.3).

1.3. La forme zéro dépend de diverses restrictions.

1.3.1. La forme zéro du P1 est soumise à des restrictions de nature surtout valentielle.

Yaguello (1998a), qui discute la forme zéro dans le registre du français oral, propose de considérer la forme zéro comme « ... expression d'une hiérarchisation sémantique », ce qui implique que :

> ...quelle que soit la fonction d'un GN ... on note qu'il s'élide difficilement lorsqu'il a un référent {+humain}. ... d'où le fait que l'on a facilement *je sais* au lieu de *je le sais*, puisque *savoir*, contrairement à *connaître*, ne peut avoir un complément {+humain}. D'où aussi l'effet désindividualisant dans (41a) : *Shakespeare, je connais* (l'œuvre de l'écrivain élizabéthain) par rapport à (41b) *Shakespeare, je le connais* (c'est mon voisin de palier). (1998a, p. 273)

Les exemples cités ici font écho à ceux cités par Kihm (1988) et repris par Lambrecht & Lemoine (1996) et qui opposent *Corneille, je connais* et *Corneille, je le connais*[4]. Selon Yaguello, la forme zéro du P1 est possible dans le cas de (41a) *Shakespeare, je connais*, où le P1 est non-humain, alors que la forme zéro du P1 humain dans (41b) *Shakespeare, je le connais* est exclue[5]. L'existence de nombreux cas comme ceux-ci[6] nous apprend que, pour expliquer la forme zéro du P1, les facteurs valentiels doivent être pris en considération. Lambrecht & Lemoine discutent (1996, pp. 299-300) l'interprétation des deux exemples que nous venons de citer, (41a) et (41b). Les auteurs n'acceptent pas entièrement l'analyse, proposée par Kihm (1988) et défendue par Yaguello (1998a) – ils considèrent que (41a) a une interprétation générique, moins facilement imaginable dans le cas de (41b). Pourtant, il ne nous semble pas correct de considérer (41a) comme une ellipse générique, puisqu'une interprétation générique du P1 du verbe *connaître* ne correspond pas nécessairement au non-humain. En outre, si l'on examine les formes zéro des verbes comparables au verbe *connaître* cités en annexe par Lambrecht & Lemoine, on retrouve invariablement le sens non-humain, jamais le sens plus-humain. Nos propres investigations confirment d'ailleurs les interprétations de Kihm et de Yaguello, comme nous allons le voir dans la section 3.

1.3.2. La forme zéro du P1 est soumise à des restrictions de divers types, pragmatiques et sémantiques.

Larjavaara propose dans ses deux études sur l'optionalité (1998, à paraître) que le français moderne se caractérise par une transitivité « vacillante », c'est-à-dire : un état assez chaotique de la valence verbale, marqué par le « manque de prédisposition actancielle » (voir Larjavaara 1998, p. 313). Larjavaara distingue, correctement, trois niveaux d'analyse : 1. la situation extra-linguistique, 2. les facteurs discursifs, textuels ou stylistiques et 3. le noyau de la phrase : le verbe. Pour elle, seuls les deux premiers niveaux sont responsables de la valence quantitative, en d'autres termes : l'ellipse ou la forme zéro n'est pas un phénomène de valence, (ibid., p. 113) :

> Premièrement, nous savons tous qu'il est primordial de faire la distinction entre la situation réelle et la représentation linguistique, et donc que dans le discours – oral ou écrit –, les verbes peuvent s'employer avec ou sans objet sans rapport univoque entre l'expression linguistique et la situation en dehors de la langue. Il n'y a pas nécessairement de corrélation entre le nombre de participants dans un procès et le nombre de compléments dans l'énoncé référant à ce procès.
>
> Deuxièmement, sur le plan de la langue, pour un grand nombre de verbes en français contemporain, le lexème en soi n'est aucunement prédisposé à avoir ou à ne pas avoir d'objet, comme les cas examinés l'ont montré. De plus, les verbes qui ont une certaine aptitude à avoir un objet n'en ont très souvent pas dans l'usage ... Le cœur du verbe serait alors neutre quant au choix des compléments – hors du discours, comme unité abstraite, il n'aurait pas de valence. Une situation particulière offre déjà moins de possibilités d'emploi à un verbe donné.

> La présence – ou l'absence – d'un objet n'est donc déterminée ni par ce qui se passe dans le monde extralinguistique, ni par l'élément lexical noyau de la phrase – le verbe lui-même –, mais par maints facteurs discursifs, textuels ou stylistiques.

Si nous sommes pleinement d'accord avec Larjavaara sur le premier point, nous ne saurions souscrire à sa conclusion concernant le cœur *neutre* du verbe. Plus loin (sections 2 et 3), nous démontrerons la nécessité de distinguer les acceptions d'un verbe morphologique. Il s'agit ici du débat bien connu entre la conception *monolithique* du verbe morphologique[7] opposée à la conception distributionnelle, selon laquelle la structure syntaxique est liée au sens[8]. Le choix que l'on fait dans ce débat dépend des convictions linguistiques du chercheur, notamment de sa conception concernant les rapports entre forme et sens. Nous pensons que Larjavaara arrive à une image flottante de la valence verbale parce qu'elle n'attache pas assez d'importance à la forme, c'est-à-dire qu'elle refuse de distinguer les acceptions et de voir que les acceptions ont des restrictions valentielles individuelles dans un contexte « neutre ». Larjavaara offre elle-même un bel exemple d'un changement de valence quantitative liée à une différence de sens avec le verbe *bloquer*. Larjavaara compare les deux cas : (11bis) *Le pantalon va bloquer le caleçon* et (11) *ça va bloquer*. L'exemple (11bis) est une construction causative et le P1 d'une telle construction devient régulièrement P0 d'une construction monovalente. Comment sait-on si le sens de telles constructions est causative ou non ? C'est la valence quantitative qui nous renseigne là-dessus : divalente, la construction est causative, monovalente, elle ne l'est pas. Donc, il ne s'agit pas d'une « valence vacillante »[9], mais d'une distribution systématique.

Nous avons constaté dans la section précédente un désir de considérer la forme zéro dans une perspective pragmatique. Cette perspective se retrouve également, mais de façon plus réussie, chez Oesterreicher (1991) : « *Verbvalenz und Informationsstruktur* ». L'originalité de cette étude réside dans sa tentative d'étudier le jeu combiné des différents niveaux de la langue. Plus haut, nous avons distingué avec Larjavaara trois niveaux : 1. situation extra-linguistique, 2. facteurs discursifs, textuels ou stylistiques et 3. noyau de la phrase : le verbe. Suivant un modèle linguistique différent de Larjavaara, Oesterreicher distingue quatre niveaux, car le niveau 3 (voir plus haut) se scinde ici en deux. Le premier n'est pas la situation extra-linguistique, mais la situation telle qu'elle se trouve exprimée dans l'énoncé, donc, selon la terminologie allemande :

1. *Sachverhaltsdarstellung (1991, p. 351)*,
2. *Informationsstruktur : Thema-Rhema-Gliederung, etc.(1991, p. 353)*,
3. *Semantische Rollen*
4. *Aktanten*

Oesterreicher propose de considérer ensemble les niveaux 2, 3 et 4. Il étudie une série de phénomènes, parmi lesquels l'ellipse *neutre*, non contextuelle, mise en relation avec une hiérarchie rhématique et une hiérarchie systématique. Quant au niveau 2, l'auteur conclut qu'un actant optionnel est un rhème potentiel de la phrase mais qui se laisse facilement matérialiser : (« ... Der fakultative Aktant ist also ein *Rhema in potentia*. Dies erklärt, warum er auch dort notwendig *mitverstanden* wird, wo er fehlt, und wo dann nicht-konform rhematisiert werden kann », 1991, p. 377.) Oesterreicher accepte ici la hiérarchie rhématique de Contreras conçue pour l'espagnol, selon laquelle les éléments suivants sont les plus rhématiques : indication d'instrument, adverbes de manière, de temps, de lieu ... complément d'objet ... et parmi les moins rhématiques, l'agent[10]. Il applique en outre la hiérarchie systématique des membres valentiels de Peter Koch (1981), selon laquelle le P0 est un membre valentiel *central*, un complément prépositionnel est *périphérique*, alors que le P1 se place entre les deux. Au niveau de la phrase, un membre valentiel central refuse l'ellipse, alors qu'un membre périphérique peut être optionnel. Conformément à cette analyse Oesterreicher décrit ainsi la possibilité ou impossibilité d'ellipse :

– le sujet grammatical est obligatoire,
– les verbes divalents permettent tout au plus l'optionalité de leur second membre valentiel, P1, P2 ou autre,
– les verbes trivalents permettent l'optionalité d'un ou de deux membres valentiels, plus facilement le complément prépositionnel que le complément direct (ou P1)[11].

Comme souligné plus haut, Oesterreicher ne propose pas une étude des restrictions précises de verbes particuliers – c'est le rapport entre les différents niveaux qui l'intéresse. Mais contrairement à Larjavaara il ne met pas en doute l'existence de telles restrictions.

1.4. Conclusion.
La consultation des études scientifiques nous amène à deux observations que nous étudierons en détail dans la section suivante :

1. Dans l'étude de la forme zéro du P1, il faut distinguer plusieurs niveaux d'analyse : le niveau thématico-pragmatique, les contraintes syntaxiques non liées à la valence et le niveau de la valence

proprement dite. A chaque niveau il faut spécifier les conditions qui déterminent la possibilité d'une réalisation zéro d'un membre valentiel. Les diverses conditions valentielles et non-valentielles seront étudiées dans les sections 2.1. et 2.2. Les conditions valentielles seront étudiées plus en détail dans la section 3.

2. Il faut établir une typologie de la forme zéro, car des avis aussi opposés que ceux présentés au début de cette section et défendus par d'excellents chercheurs doivent reposer sur des conceptions différentes de ce que peut être l'absence d'un élément de la phrase. Nous allons nous pencher sur cette question dans la section 2.3.

2. Esquisse d'une typologie de la forme zéro

Dans cette section nous nous proposons de définir dans la mesure du possible les différents types de non-réalisation d'un élément valentiel. Pour ce faire, il faut d'abord préciser certains cas qui sont souvent confondus dans la discussion (section 2.1.). Ensuite, il faut examiner l'influence du registre pour la réalisation zéro (2.2.) avant de procéder à une typologie de la forme zéro (section 2.3.)

2.1. Distinction entre absence de compléments et différence de structure valentielle.

Avant de discuter de plus près les conditions déterminant la forme zéro du P1, il faut préciser différents cas. Il faut distinguer le cas d'une simple omission d'un membre valentiel optionnel, illustrée par (1a) et (1b), d'un cas plus complexe, illustré par (2a) et 2b) où il s'agit de deux constructions de structure valentielle différente. Le P1, qui est exprimé dans (1b), est sous-entendu dans (1a), mais peut être induit du contexte ou de la situation extra-linguistique (du co-texte). (1a) et (1b) ont la même structure valentielle, mais ils offrent deux réalisations de cette structure que l'on peut schématiser selon la notation de l'Approche Pronominale (voir note 2) comme P0 V (P1), les parenthèses indiquant l'optionalité.

(1a) *Pierre mange ()*
(1b) *Pierre mange un poulet*

Dans le cas de (2a) et de (2b) par contre, il ne s'agit plus d'une même structure valentielle, avec absence d'un P1 dans (2a) par rapport à (2b). Les deux exemples illustrent deux structures valentielles essentiellement différentes et qui correspondent à deux sens différents du verbe *picoter*. Tout d'abord, (2a) est une exemplification de la structure valentielle P0 V (P1), alors que (2b) est une réalisation de la structure P0 P2 V. Ensuite, le complément est optionnel dans (2a), mais obligatoire dans (2b). Les exemples (1)-(2) illustrent ainsi la nécessité de distinguer optionalité et différence d'acception.

(2a)   *la poule picote (du pain)*
(2b)   *les yeux me/lui/leur picotent*

Mis à part ces cas très clairs, il faut encore distinguer des deux cas précédents les omissions de membres valentiels qui ont acquis un statut particulier, comme on le voit dans (3a) :

(3a)   *Pierre boit ()*
(3b)   *Pierre boit trop d'alcool*

Le sens de (3a) n'est pas que Pierre boit du lait ou de l'eau ou un autre liquide alcoolique ou non-alcoolique : l'absence du P1 est normalement comprise dans le sens de (3b)[12]. Néanmoins, le sens de (3a) se laisse également exprimer avec un P1 explicite comme il appert de (3b). Le type d'ellipse du P1 exemplifiée dans (3a) est ainsi une ellipse d'un P1 ayant un sens lexical très précis. Ceci vaut également pour d'autres cas, voir (4) :

(4a)   *Pierre donne* (=> les cartes de jeux)
(4b)   *Pierre abat* (=> les cartes)
(4c)   *Pierre abandonne* (=> une compétition)[13]

Les ellipses de P1 dans les cas cités sous (3) et (4) doivent donc être distinguées du cas de (1a) puisque dans (1a), contrairement à (3a) et (4a,b,c) tout P1 compatible avec le verbe peut être sous-entendu.

Les *objets directs internes* se distinguent des cas précédents, puisque seul est compatible avec le verbe normalement intransitif un P1 lexicalement et/ou sémantiquement proche du verbe[14], comme *vivre une vie, dormir un somme, siffler un sifflement* etc. Par contre, il y a une absence de toute proportionalité avec un paradigme pronominal : témoin l'impossibilité des constructions suivantes : **tu la (=la vie) vis ? *oui, je la vis, *tu le (=le somme) dors ? *oui, je le dors, *tu le (=le sifflement) siffles ? *oui je le siffle.* Ces objets internes ne constituent donc aucunement la lexicalisation d'un référent. L'absence d'un P1 avec ce type de verbe est ainsi le cas *normal* et la présence de ce qui ressemble à un P1 est le cas *anormal*.

Il faut finalement distinguer (1a) d'un cas comme (5b), qui illustre l'alternance entre une construction divalente et une construction monovalente :

(5a)   *Pierre casse la branche*
(5b)   *la branche casse*

Dans (5b), il ne s'agit pas d'une absence du P1 par rapport à (5a), mais d'une alternance de valence bien connue[15], selon laquelle le P1 de la première construction, qui est causative, devient le P0 de la seconde construction. Dans ce qui suit, nous écarterons les cas comme (2), (3), (4) et (5), pour nous concentrer sur les conditions qui permettent la forme zéro du P1 du type illustré dans (1).

2.2. L'influence du registre pour la réalisation zéro.
La structure thématique et pragmatique d'un texte peuvent favoriser l'expression ou l'ellipse de membres valentiels. Comme la structure thématique d'un texte dépend du registre, il nous faut examiner les spécificités thématiques des différents types de textes. Les divers types de texte se caractérisent en effet, entre autres, par leur disposition à l'ellipse, un extrême étant constitué par le parler informel, favorisant l'ellipse[16], l'autre extrême étant constitué par l'écrit formel, par exemple juridique, peu enclin à l'ellipse (sur cette distinction de registres, voir aussi Busse (1974, pp. 132-33) et Sabatini (à paraître). Voici, à titre d'exemple, une citation dans (6) provenant d'un corpus juridique, extrait d'un jugement prononcé à la Cour d'Appel de Versailles le 7 janvier 1987, texte extrêmement explicite suivant les exigences de ce genre. La citation montre que ce registre se caractérise par une structure thématique sans répétitions successives de thème ou de rhème. En effet, quand on considère de tels textes, la répétition du P1 est rare, ce qui réduit en effet les occasions d'ellipse[17]. Dans (6), on trouve, exceptionnellement, deux cas de P1 répétés, marqués en italiques, mais qui sont justement explicites et non sous-entendus. A la carence de P1 identiques coordonnés s'ajoute le fait que le passif est relativement fréquent dans les textes juridiques, ce qui implique le transfert d'un P1 *actif* à un P0 *passif* et exclut du même coup l'ellipse du P1 (*actif*). Bref, ce registre ne favorise *pas* l'ellipse du P1.

(6) ... Considérant que le ministre de la Culture, qui souligne que la vérité sur l'attribution exacte du tableau qui seule permettrait de caractériser avec certitude l'existence d'une erreur, est à ce jour inaccessible à raison tant de l'état de délabrement du tableau, agrandi, réentoilé et surtout repeint à 60 p. 100 de sa surface, que des avis contradictoires des plus éminents spécialistes et de façon plus générale de l'état de la science en la matière, fait valoir que Mme Saint-Arroman, laquelle fonde sa demande en nullité sur l'erreur subjective résidant dans le fait d'avoir aliéné un tableau qui pourrait être un Poussin alors qu'elle et son mari croyaient vendre une œuvre qui ne pouvait être de ce peintre, ne prouve ni que son mari et elle aient eu une réelle conviction quant à l'origine du tableau, soit une opinion se caractérisant par son degré de

certitude et non par simple doute, même sérieux, ni qu'ils aient été convaincus de l'impossibilité d'attribuer *le tableau* à Nicolas Poussin ; qu'elle ne prouve pas davantage que les mandataires, notamment M. Lebel, en attribuant *le tableau* à l'Ecole des Carrache, attribution prudente compte tenu notamment de l'état du tableau, aient délibérément et sans ambiguïté exclu la possibilité d'une attribution à Poussin, exclusion qui seule aurait pu engendrer la conviction alléguée ; qu'il ajoute qu'en présence d'avis diamétralement opposés des experts, dont certains excluent *la possibilité d'une attribution* à Poussin, la preuve de l'erreur n'est pas rapportée et qu'au surplus, l'erreur invoquée ne porte nullement sur les qualités substantielles de la chose vendue ; qu'en l'espèce, on ignore *son attribution*, mais seulement sur l'opinion que certains peuvent avoir desdites qualités ...

Un autre registre, celui de l'exposé technique, partage avec le style juridique la spécificité consistant en la présence de P1 rhématiques, en d'autres termes des P1 qui apportent du neuf sur un thème donné ; par conséquent le P1 n'est pas facilement sous-entendu. Dans l'extrait (7) provenant d'un livre intitulé *la Guerre du tabac* par Michel de Pracontal, il s'agit d'un même thème[18] marqué dans (7) en italiques, le tabac (avec sa variante : la cigarette), à propos duquel est énoncé, sous forme de rhème, une série d'informations et d'évaluations.

(7) *Le tabac* des Indiens d'Amérique, celui qu'a découvert Christophe Colomb, a des usages multiples, à la fois source d'agrément, de plaisir, et drogue au sens traditionnel. C'est une grande médecine, *il* a des pouvoirs magiques, *il* sert à communiquer avec les dieux, *il* fait signe dans les mythes. ...
... *Le tabac* se définit d'abord par son goût, contrairement à l'héroïne ou à la morphine. *Le tabac* n'est pas destiné à ouvrir les portes de la perception, à explorer le dérèglement des sens. *Il* touche à la sensorialité la plus immédiate, la plus archaïque. *La cigarette* n'est pas une défonce, elle ne provoque pas d'expérience hallucinatoire comme le LSD, *elle* ne branche pas sur un autre monde. ...

Comme signalé plus haut, le français oral constitue un registre différent de ceux illustrés dans (6) et (7) et qui favorise l'ellipse. Un trait caractéristique de ce registe est le renvoi fréquent aux mêmes référents, ce qui rend possible l'apparition des ellipses. Il est également caractéristique que nos investigations statistiques sur la forme zéro du P1 dans un corpus du Monde 1994 dépend de deux facteurs : (1) du verbe régissant (c'est donc un phénomène de valence, voir section 3) et (2) du registre : dans le cas du verbe *savoir*, par exemple, la plupart des exemples de la forme zéro relevés sur un échantillon du corpus de plus d'un million de mots se trouvent dans des citations du langage parlé ou dans un style proche du parlé, voir les exemples suivants, parmi lesquels plusieurs rappellent les cas déjà cités, dans la section 1.3.1 :

(8a) ... concept « inconcevable » ? *Je ne sais pas. C'est en tout cas ...*
(8b) ... *un public peu charitable pour ses « Je ne sais pas... eh ben !... en somme.. «*
(8c) ... *voulant dire « bien sûr », « je ne sais pas » signifiant « je préférerais éviter de répondre ...*
(8d) *Quand êtes-vous né ? Je ne sais plus. Et de votre nom, de votre adresse, vous souvenez-vous ?*
(8e) *C'est dangereux, je sais. Six appartements ont explosé à côté de chez nous*
(8f) *Je sais, vous avez énormément besoin de secours économique*
(8g) *Ils ne savent pas, on sait ; c'est le principe du suspense ...*
(8h) ... *l'école catholique continue, comme chacun sait (en dépit de l'article 1 de la loi Debré de 1959) ...*
(8i) ... *à qui on donnera, qui sait ? le sacro-saint tampon...*

Des exemples supplémentaires illustrant la forme zéro dans le registre oral figureront dans la section 2.3. et dans la section 3.

2.3. Typologie des ellipses[19].

Se basant sur une typologie de Fillmore (1986) et Fillmore & Kay (1993), Lambrecht & Lemoine (1996, pp. 285 ss.) distinguent trois types de compléments zéro :

> « (i) la réalisation zéro indéfini », qui est « nécessairement indépendant du contexte discursif », et dont le référent « peut être particulier ... ou générique » (1996, p. 285) ;
>
> « (ii) la réalisation zéro libre » ... « se distingue de la réalisation zéro indéfinie du fait que le référent de l'élément absent est susceptible d'une interprétation soit indéfinie soit définie, selon le contexte d'énonciation » (1996, p. 288) ;
>
> « (iii) la réalisation zéro définie » ... se caractérise par le fait que « l'élément zéro est nécessairement interprété comme représentant une entité ou une situation spécifique *récupérable du contexte d'énonciation* » (1996, p. 291).

La distinction entre (i) et (ii) est délicate – en effet d'autres chercheurs se contentent d'une distinction entre *ellipse générique*[20] et *ellipse anaphorique* et nos préférences vont vers celle-là. S'il faut distinguer, il nous semble plus utile d'établir une distinction entre le cas de *détermination lexicale* (1996, pp. 290 ss.) et celui de la *détermination constructionnelle* (1996, pp. 294 ss.) Le premier cas – souvent appelé ellipse *contextuelle* est illustré par

(18)a : *On a sonné. Va ouvrir !* (1996, p. 292) (c : va ouvrir la porte), alors les exemples (41a) et (41b) cités plus haut (section 1.3.1.), provenant de Yaguello (1998a) nous semblent illustrer le second cas.

Les exemples suivants illustrent *le type d'ellipse générique* :

(1a) *Pierre mange ()*

(9a) *'Il faut éduquer, convaincre, en aucun cas contraindre', nous dit le professeur Hirsch, tout en reconnaissant qu'il est plus difficile d'arrêter de fumer que de cesser de se droguer.* (cité d'après Larjavaara à paraître, p. 8)

(9b) *Parce qu'en fait, quand on lit votre histoire, la première chose qui vous vient à l'esprit, c'est de se dire : et pourquoi elle reste dans son coin à attendre toute sa vie ce type pas intéressant ? Ça énerve un peu.* (cité d'après Larjavaara à paraître, p. 6)

(9c) *Elle (sc. la calomnie) s'élance, étend son vol, tourbillonne, enveloppe, arrache, entraîne, éclate et tonne, et devient, grâce au ciel, un cri général* (Beaumarchais, cité d'après Blinkenberg (1960, p. 113).

Alors que les exemples suivants illustrent les *ellipses contextuelles* et les *ellipses anaphoriques*, donc des cas où P1 se laisse inférer du co(n)texte ou est explicitement mentionné dans le contexte précédent[21].

(9d) *Raccrochez, s'il vous plaît. – Ne quittez pas ! – Ne coupez pas ! – On ferme !* (*ellipses contextuelles*, citées d'après Blinkenberg (1960, p. 109)

(9e) *Les exégètes du monde entier s'attachent à découvrir la véritable signification de la formule désormais historique de Johnson : 'Je suis prêt à me rendre n'importe où et n'importe quand'. Le « Canard » croit avoir trouvé ».* (*forme zéro anaphorique*, du Canard Enchaîné, cité d'après Busse (1974, p. 128), Busse & Dubost (1977, p. XV)

(9f) *Si je voulais être premier en une matière, je l'étais. Seulement, je ne voulais pas souvent.*[22] (*forme zéro anaphorique*, citée d'après Blinkenberg (1960, p. 110))

(9g) *Pourquoi avoir choisi cette époque ? – Parce que j'adore. C'est probablement la seule époque sur laquelle j'ai eu envie d'écrire depuis toujours.* (*forme zéro anaphorique*, citée d'après Larjavaara à paraître)

Déjà Blinkenberg (1960, p. 110)[23], a noté que la forme zéro d'un élément connu (mentionné ou présent à l'esprit du locuteur) est encore favorisée par certains contextes syntaxiques[24] qui se trouvent illustrés dans (9), tels une succession de questions et de réponses (9b, 9g), les constructions à l'infinitif (9a, 9e, 9f), les constructions à l'impératif (9d)[25] et la coordination ou l'opposition (9a, 9c), voir aussi l'exemple avec le verbe *longer* cité dans la section 1.1. Les ellipses génériques et contextuelles sont en effet le plus souvent possibles « si la situation s'y prête », c'est-à-dire : dans un contexte syntaxique et un registre favorisant l'ellipse. Par contre, la forme zéro anaphorique est soumise à certaines conditions que nous étudierons de plus près dans la section 3. Nous rappelons qu'en français oral, elle réfère à un non-humain *ça* (voir section 1.3.1.). On constate le même phénomène dans les exemples cités plus haut (9e,f,g).

2.4. Conclusion.
Dans ce qui précède, nous avons distingué ellipses et structures valentielles (2.1.) et nous avons étudié l'importance du registre pour la réalisation zéro (2.2.). Finalement (2.3.), nous avons esquissé une typologie de la forme zéro dans laquelle nous avons distingué le type générique, le type contextuel et le type anaphorique. Dans ce dernier cas, nous constatons, avec Kihm et Yaguello, que le référent de la forme zéro est un non-humain *ça* et pas un plus-humain *le*. Nous examinerons ce point plus en détail dans la section suivante, en proposant de considérer la forme zéro comme un phénomène de valence.

3. La forme zéro du P1, est-elle un phénomène de valence ?

Dans les sections précédentes, nous avons précisé ce que nous entendons par la forme zéro du P1, et nous avons pu constater que ce phénomène se manifeste surtout sous certaines conditions thématiques et pragmatiques qui caractérisent notamment le registre oral. Dans ce qui suit, nous présenterons des arguments en faveur de l'importance de la valence pour la forme zéro du P1. Nous[26] avons examiné environ 200 verbes français (en tout plus de 250 acceptions) dans le but de considérer leur possibilité d'omettre ou de ne pas omettre le P1[27]. Nous sommes arrivés à un classement en quatre classes, qui se distinguent de façon systématique en ce qui regarde la forme zéro du P1. Ces classes seront traitées dans les paragraphes suivants. Cette distribution systématique de la forme zéro du P1 montrera que l'absence du P1 est un trait constitutif de la valence du verbe donné. Pour l'étude de ces verbes nous avons consulté les dictionnaires de valence disponibles pour le français, le corpus électronique du Monde 1994 et le corpus oral GARS (version électronique) d'Aix[28].

3.1. Classe 1, verbes qui se combinent avec un P1 ayant le trait plus-humain ou non-humain.
Cette première classe comprend une soixantaine de verbes, la plupart divalents, dont beaucoup ont un P0 humain, et qui se combinent avec un

P1 ayant le trait plus- ou non-humain (voir la présentation du verbe *aider* suivant les principes de l'Approche Pronominale, en appendice). Dans cette classe de verbes, seule la forme zéro du P1 non-humain est possible même en dehors des contextes syntaxiques particuliers relevés dans la section précédente, alors que la forme zéro d'un P1 ayant le trait plus-humain est exclue en dehors d'un contexte particulier. Cette distinction se manifeste dans les exemples cités plus haut, sous (41a) et (41b). Voici quelques exemples supplémentaires, tirés du corpus oral GARS :

(10a) avocat 33,5 : *n'y voyant aucun inconvénient Leduc accepte, mais il est déjà tard – il songe alors à r- à rentrer* ;

L'exemple (10a) illustre l'optionalité du P1 non-humain avec le verbe *accepter*, alors que (10b) montre la réalisation d'un P1 humain :

(10b) alsacea 44,15 : *... que je pense que la France en principe accepte ... bien les étrangers qui viennent hein ... mis à part ...*

(10c) flicienm 19,15 : *un côté le grec de l'autre, alors ça aide bien et puis c'est un, oui, oui oui, oui le grec on en ...* ;

(10c) est une illustration de l'optionalité de P1 du verbe *aider* quand son P1 est non-humain, (10d) illustre l'expression d'un P1 humain :

(10d) : metier2 2,9 : *... par rapport à cette matière ça va m'aider pour / entrer, rentrer / dans cette école ça va me faire ...*

(10e) sagape 9,11 : *ouais c'est pas mal, enfin faut aimer ils parlent tous anglais mais ...* ;

(10e) est une illustration de l'ellipse du P1 non-humain du verbe *aimer*, alors que (10f) montre la présence d'un P1 humain :

(10f) alsacea 60,10 : *... oui peut-être ... et peut-être qu'ils aiment les blondes ... enfin je me suis fait agresser ... il faut ...*

Pour cette classe de verbes, Busse (1974, pp. 206-07) formule une règle d'ellipse contraire à la nôtre et qui ne se confirme pas par les exemples cités ici.

3.2. Classe 2, verbes qui se combinent avec un P1 ayant le trait plus-humain.

Cette seconde classe comprend environ 25 verbes, dont la plupart sont divalents, qui ont souvent un P0 humain et dont le P1 a exclusivement le trait plus-humain (voir la présentation du verbe *surprendre* suivant les principes de l'Approche Pronominale, en appendice). Contrairement à la classe précédente, cette classe de verbes n'a pas de comportement commun – quelques verbes, comme *épouser, marier* – exigent la présence du P1, sauf dans des contextes syntaxiques particuliers relevés plus haut, alors que d'autres verbes, comme *convaincre, surprendre*, permettent plus facilement la forme zéro du P1, même en dehors des contextes favorisant l'absence du P1. Voir les exemples sous (11), tous avec ellipse du P1, parmi lesquels figure (9a), cité plus haut, et que nous reproduisons ici comme (11a) :

(11a) *'Il faut éduquer, convaincre, en aucun cas contraindre', nous dit le professeur Hirsch, tout en reconnaissant qu'il est plus difficile d'arrêter de fumer que de cesser de se droguer.* (cité d'après Larjavaara à paraître, p. 8)

(11b) *A première vue, cette campagne surprend.* (cité d'après Larjavaara à paraître, p. 5)

3.3. Classe 3, verbes qui se combinent avec un P1 ayant le trait non-humain.
Cette troisième classe comprend une cinquantaine de verbes, dont le P1 a exclusivement le trait non-humain (voir la présentation du verbe *ponctuer* suivant les principes de l'Approche Pronominale, en appendice). Dans cette classe, la plus grande partie des verbes permettent l'absence du P1, même en dehors des contextes favorables à l'éllipse du P1, relevés dans la section 2. Rares sont les verbes, comme *perpétrer* et *parfaire*, qui exigent un contexte particulier pour que l'ellipse paraisse naturelle.

(12a) *La boss sait parler en public. Une fois elle a même fait un cours sur la nouvelle figuration à un ministre qui ponctuait avec des 'oui oui' de temps en temps.* (cité d'après Larjavaara à paraître, p. 4)

(12b) *Visage d'une femme de pouvoir, ou de contre-pouvoir ? Grandieux capte, cherche, il ne donne pas de réponse. Cette réponse appartient au téléspectateur...* (cité d'après Larjavaara à paraître, p. 8)

3.4. Classe 4, verbes à problèmes.
Les trois classes que nous venons de décrire manifestent une tendance très claire à intégrer la forme zéro du P1 dans leur paradigme valentiel. La forme zéro entre de préférence dans le paradigme comme une réalisation de la forme du *ça*, donc du non-humain, et plus rarement comme une réalisation de la forme du *le*, donc du plus-humain. Pourtant, il y a des verbes qui vont contre cette règle que nous venons de formuler. Prenons le cas du verbe *picoter*, cité plus haut. Nous avons vu le cas (2a), avec P1 optionnel :

(2a) *la poule picote (du pain)*

On s'attendrait à ce que la phrase suivante ait également un P1 optionnel :

(13a) *je picote un carton*
(13b) **je picote*

Or, il n'en est rien : dans (13b) *un carton* a un statut obligatoire. Pourquoi ? Nous proposons l'explication suivante : la forme zéro est évitée parce que *picoter* est un verbe à plusieurs acceptions et l'ellipse du P1 entraînerait des confusions concernant l'identification de l'acception. Nous avons examiné une quarantaine de verbes qui ont ceci en commun qu'ils ont plusieurs acceptions. Ces acceptions n'ont pas le même nombre de membres valentiels, et les membres valentiels n'ont pas les mêmes traits sémantiques. Si un membre valentiel est omis, il existe en principe le risque de confondre quelques acceptions. Mais il semble justement que l'on évite l'ellipse dans un tel cas. Prenons le cas de *pâlir*. Il faut distinguer un emploi divalent, causatif, dont le sens est *rendre pâle*, d'un emploi monovalent, dont le sens est *devenir pâle*[29]. Dans le premier cas, l'absence d'un P1 plus- ou non-humain risquerait de créer une ambiguïté gênante concernant le sens de la construction : causative ou non. La présence obligatoire du P1 exclut cette ambiguïté. Ce raisonnement s'applique également aux verbes suivants, parmi lesquels se trouve beaucoup de causatifs : *accrocher*, *blanchir* (voir la présentation du verbe *blanchir* suivant les principes de l'Approche Pronominale, en appendice), *blêmir*, *bloquer*, *brûler*, *cuire*, *fuir*, *patiner*, *peler*, *pencher*, *percher*, *perdre*, *pleurer*, *rougir*, *sécher*, *tarir*, *voler*, etc. Nous proposons donc que la disposition à éviter la forme zéro ou à limiter la forme zéro à une seule parmi plusieurs acceptions est un phénomène lié à la syntaxe très complexe des verbes à plusieurs acceptions[30].

3.5. Conclusion de la section 3.

Dans la section 3, nous avons proposé une analyse qui intègre l'ellipse du P1 ou la forme zéro du P1 dans le paradigme valentiel du verbe. En effet, la forme zéro du P1 fait partie du paradigme non-humain, caractérisé par la forme *ça*, dans le cas de verbes qui permettent un P1 plus- ou non-humain (première classe de verbes). La forme zéro est possible avec les verbes qui se construisent avec un P1 exclusivement humain (classe 2) et régulière avec les verbes qui se construisent avec un P1 exclusivement non-humain (classe 3). Le statut de l'ellipse du P1 est différent dans la classe 4, car dans cette classe, elle est souvent évitée. Nous avons pu expliquer l'impossibilité de la forme zéro du P1 non-humain – à première vue surprenante et contraire aux tendances relevées dans les classes 1 et 3 – par une distribution particulière liée au problème d'interférences avec d'autres acceptions du même verbe morphologique. Ainsi, en guise de conclusion, nous répondons par l'affirmative à la question posée au début de cette section : oui, la forme zéro du P1 est *aussi* un phénomène de valence.

4. Conclusion

La consultation d'études scientifiques et de corpus de français moderne montre qu'il faut distinguer plusieurs niveaux d'analyse pour analyser la forme zéro d'un membre valentiel : le niveau thématico-pragmatique, le niveau syntaxique et le niveau de la valence proprement dite. A chaque niveau, il faut spécifier les conditions qui déterminent la possibilité d'une réalisation zéro. Nous pouvons conclure que la forme zéro *anaphorique* est en effet non seulement un phénomène thématico-pragmatique ou syntaxique, mais aussi un phénomène de valence et que – de façon régulière – elle fait partie du paradigme non-humain *ça*. Dans un contexte *neutre*, la forme zéro n'est donc pas une simple absence de référent, elle a un sens spécifique – ainsi, il est légitime d'adapter le titre Boxwell sur la langue weri de la Nouvelle Guinée[31] comme suit : *nothing* makes sense in Modern French. Ce statut de la forme zéro du P1 qui se manifeste dans le langage oral ne se manifeste pas (encore ?) clairement dans le français écrit. Le résultat de nos investigations souligne la nécessité de séparer les différents niveaux du langage dans les recherches linguistiques et le besoin d'établir des corpus spécifiques pour chaque niveau.

Lene Schøsler
Université de Copenhague

Notes

1. Nous tenons à remercier Karel van den Eynde pour son inspiration et sa collaboration. Nous remercions également Marina Yaguello pour des discussions très intéressantes sur la forme zéro.
2. Légende : P0 = le paradigme (clitique) pronominal, maximalement composé de *je, tu, il, on,* etc. correspond au sujet grammatical ; P1 = le paradigme (clitique) pronominal, maximalement composé de *me, te, le, la,* etc. équivalent au complément d'objet direct et à l'attribut du sujet ; P2 = le paradigme (clitique) pronominal, maximalement composé de *me, te, lui, leur* équivalant à un datif ou à un groupe nominal précédé de la préposition *à*. Par la suite nous employons les termes « transitif », « transitivité » à propos des verbes qui acceptent un P1, que celui-ci soit réalisé ou non, comme dans les exemples (1a) et (1b) et « intransitif » à propos des verbes qui n'acceptent pas un P1 ; V = verbe. Voir Eynde et Blanche-Benveniste (1978, pp. 3-27) et Blanche-Benveniste et alii (1984, p. 87).
3. C'est également le point de vue de Gaatone (1998, 184).

4. Les exemples cités, provenant du français parlé, concernent des cas d'extraposition ou d'extraction, selon la terminologie adoptée, et non des cas de simple P1 – mais l'importance du trait +humain se manifeste donc également ici. Nous renvoyons à l'intéressante étude de Sabio (1995) consacrée à cette construction.
5. La forme zéro est pourtant favorisée par le cadre syntaxique de l'exemple (question-réponse, voir plus loin, section 2).
6. Voir d'autres exemples dans Yaguello (1998b, pp. 35-39).
7. Conception traditionnelle, que l'on retrouve dans la plupart des dictionnaires imprimés. Cette tradition a récemment été renouvelée entre autres par Pustejovsky qui propose une analyse originale pour expliquer le passage d'un sens de base aux sens dérivés.
8. Conception qui se retrouve dans les travaux du LADL et dans les recherches récentes sur le verbe anglais, par exemple de Beth Levin, voir entre autres Levin (1993, p. 1) : « ... the behaviour of a verb, particularly with respect to the expression and interpretation of its arguments, is to a large extent determined by its meaning. Thus, verb behaviour can be used effectively to probe for linguistically relevant pertinent aspects of verb meaning. » Notre conception est plus radicale que celle de Levin, car nous pensons que l'on ne saurait dissocier la forme et le sens.
9. Larjavaara (à paraître) : « transitivity is flexible in contemporary French. »
10. Cette hiérarchie complète ainsi la hiérachie thématique, telle qu'elle est proposée par exemple par Givón (1984b, p. 174).
11. On retrouve la même conclusion dans Oesterreicher (1996, p. 327).
12. Voir par exemple Busse (1974, p. 131), Boons, Guillet & Leclère (1976, p. 269) et Larjavaara (à paraître).
13. Les cas cités dans (4b) et (4c) proviennent de Busse (1974, p. 134) qui mentionne encore d'autres exemples comme *pondre (un œuf)*. Voir également Fónagy (1985) § 3.8. Plusieurs francophones que nous avons consultés rejettent néanmoins les exemples (4a-c).
14. Selon la notation du LADL il s'agit de la structure N_0V V-n (1976, p. 64).
15. Plus haut, nous avons commenté un exemple comparable, le verbe *bloquer*, cité par Larjavaara, section 1.3.2. On appelle aussi ces verbes « verbes symétriques » ou « verbes diathétiquement neutres » d'après la terminologie de Blinkenberg (1960, pp. 118 ss.). Voir par exemple la description de ces verbes dans Boons, Guillet & Leclère (1976, pp. 68 ss.) et dans Larjavaara (à paraître, p. 9). Une typologie des alternances verbales se trouve dans Schøsler & Kirchmeier-Andersen (1997, p. 68).
16. Voir aussi Fónagy (1985, p. 22) : « Les effacements du type *J'aime* ☐, *Je connais* ☐, sont limités (dans tous les idiolectes) à la conversation familière, et produiraient un effet bizarre dans d'autres genres verbaux. »
17. Voir aussi § 55 « Ellipse » dans Metzeltin (1997).

18. Il s'agit ainsi d'une structure thématique dite « fixe ».
19. Dans sa « typologie des objets nuls », Aymary (1997) établit la distinction entre trois types d'ellipses : l'objet nul défini, l'objet nul neutre et l'objet nul générique. Suivant son analyse générative, les trois types ont une distribution complémentaire, ce qui mène l'auteur à proposer que « l'objet nul soit une entité unique, de type variable sémantique, dont l'interprétation dépend de la nature du A'-lieur » (1997, p. 389).
20. Au lieu d' « ellipse générique » Rothemberg (1974, p. 29) se sert des termes « objet général » (type manger, regarder) et « objet prévisible spécifique » (type *aimer, chasser* ou *fumer*).
21. Selon la terminologie de Rothemberg (1974, p. 24) il s'agit ici d'« objets faciles à suppléer grâce au contexte écrit ou à la situation du moment ».
22. On a proposé de considérer la forme zéro dans une progression cognitive allant de la repésentation lexicale au pronom atone, puis au zéro, progression qu'illustre l'exemple (9f) : *être premier + le + zéro*. Cette hypothèse ne semble pourtant pas corroborée par les faits (Lambrecht & Lemoine 1996, pp. 300 ss.).
23. Voir aussi entre autres Lambrecht & Lemoine (1996, p. 301) et Fónagy (1985, p. 34).
24. Les mêmes types de contexte favorisent l'ellipse dans différentes langues, voir par exemple Boxwell (1995), section 3.
25. Voir également Fónagy (1985) § 3.4.
26. Ce classement a été fait en collaboration avec Karel van den Eynde.
27. Nous parlons donc de la forme zéro anaphorique ou, dans les termes de Fónagy (1985, p. 34) : « ... la suppression de l'objet direct avec maintien de la référence du type *J'admire*□ *Je connais* □ est propre au français contemporain ... »
28. Voir la bibliographie, sources.
29. Ce verbe appartient ainsi au type « neutre », discuté plus haut, à propos des exemples sous (5).
30. Voir Gaatone (1998, p. 186), qui emploie le même type d'argumentation en discutant la possibilité de l'ellipse de l'agent du passif dans le cas de verbes à acceptions multiples.
31. Boxwell (1995) : « Nothing » Makes Sense in Weri : A Case of Extensive Ellipsis of Nominals in a Papuan Language, qui étudie la fonction coréférentielle de l'ellipse régulière du P0 et du P1 dans la langue weri.

Bibliographie

Sources

Le corpus de *GARS* de l'Université de Provence ; concordance élaborée par J.-P. Adam.

Le Monde 1994, étudié à l'aide du programme INTEX du LADL.

PROTON : Dictionnaire électronique des verbes du français, Université Catholique de Leuven.

Le corpus juridique provient de la collection par Dyrberg, Gunhild et alii (1991) : *Oprettelse af fagsproglige tekstkorpora : Engelsk – Fransk – Dansk Juridisk Sprog – aftaleret.*

Pracontal, M. de (1998) : *la Guerre du tabac.* Fayard, Paris.

Références scientifiques

Amary, V. (1997) : Vers une typologie des objets nuls en français. *Verbum* (Structures prédicatives), XIX, 4, pp. 375-390.

de Beaugrande, R. (1980) : *Text, Discourse and Proces.* Longman, London.

Blanche-Benveniste, C. et alii (1984) : *L'approche pronominale et son application au français.* Selaf-CNRS, Paris.

Blanche-Benveniste, C. et alii (1990) : *Le français parlé. Etudes grammaticales.* Ed. du CNRS, Paris.

Blinkenberg, A. (1960) : *Le problème de la transitivité en français moderne. Essai syntacto-sémantique.* Munksgaard, Copenhague.

Boons, J.P. , A. Guillet & C. Leclère (1976) : *La structure des phrases simples en français. Constructions intransitives.* Droz, Genève-Paris.

Boxwell, M. (1995) : « Nothing » Makes Sense in Weri : A Case of Extensive Ellipsis of Niminals in a Papuan Language, in : Hasan, R. & P. Fries (éds.) : *On Subject and Theme. A Discourse Functional Perspective.* Benjamins, Amsterdam/Philadelphia.

Busse, W. (1974) : *Klasse, Transitivität, Valenz. Transitive Klassen des Verbs im Französischen.* Wilhelm Fink Verlag, München.

Busse, W. & J.P. Dubost (1977) : *Französische Verblexicon. Die Konstruktion der Verben im Französischen.* Klett-Cotta, Ludwigsburg.

Eynde, K. van den & C. Blanche-Benveniste (1978) : Syntaxe et mécanismes descriptifs : présentation de l'approche pronominale. *Cahiers de lexicologie*, 32, pp. 3-27.

Fónagy, I. (1985) : J'AIME □ JE CONNAIS □. Verbes transitifs à objet latent. *Revue Romane*, 20,1, pp. 3-35.

Gaatone, D. (1998) : *Le passif en français.* Coll. Champs linguistiques, Duculot, Paris/Bruxelles.

Givón, T. (1984, 1990) : *Syntax, A Functional-Typological Introduction I-II.* Benjamins, Amsterdam/Philadelphia.

Gross, M. (1975) : *Méthodes en syntaxe. Régime des constructions complétives.* Hermann, Paris.

Guillet, A. (1993) : Le lexique des verbes : description et organisation, in : M. Noailly (1993), pp. 23-35.

Guillet, A. & C. Leclère (1992) : *La structure des phrases simples en français. Constructions transitives locatives.* Droz, Genève-Paris.

Halliday, M.A.K. and R. Hasan (1976) : *Cohesion in English*. Longman, London.

Huang, C.-T., James (1984) : On the distribution and reference of empty pronouns, *Linguistic Inquiry*, 15, 4, pp. 531-574.

Koch, P. (1981) *Verb – Valenz – Verfügung. Zur Satzsemantik und Valenz französischer Verben am Beispiel der Verfügungs-Verben*. Reihe Siegen, 32, Heidelberg.

Koch, P. & T. Krefeld, éds. (1991) : *Connectiones romanicae. Dependenz und Valenz in romanischen Sprachen*. Niemeyer, Tübingen.

Lambrecht, K. (1981) : *Topic, Antitopic and Verb Agreement in Non-Standard French*. John Benjamins, Amsterdam.

Lambrecht, K. & K. Lemoine (1996) : Vers une grammaire des compléments zéro en français parlé. *Travaux linguistique du CERLICO*, 9, pp. 279-309.

Larjavaara, M. (1998) : Sur les variations de la transitivité en français contemporain, in : Forsgren, M. et al. (éds.) : *Prédication, Assertion, Information*, Acta Universitatis Upsaliensis, Uppsala.

Larjavaara, M. (à paraître) : Primarily Transitive Verbs without Objects in Modern French. *Journal of French Language Studies*.

Levin, B. (1993) : *English Verb Classes and Alternations. A Preliminary Investigation*. The University of Chicago Press, Chicago and London.

Metzeltin, M. (1997) : *Sprachstrukturen und Denkstrukturen, unter besonderer Berücksichtigung des romanischen Satzbaus*. Cinderella, Band 3, Wien.

Noailly, M., éd. (1993) : *L'information grammaticale*, 59, Paris.

Oesterreicher, W. (1991) : Verbvalenz und Informationsstruktur, in : Koch, P. & T. Krefeld (éds.), pp. 349-384.

Oesterreicher, W. (1996) : Gemeinromanische Tendenzen VI, Syntax, §108, in : *Lexikon der Romanistischen Linguistik, Band II,1*. Niemeyer, Tübingen.

Pustejovsky, J. (1995) : *The Generative Lexicon*. The MIT press, Cambridge/Massachussets/London.

Roberge, Y. (1990) : *The Syntactic Recoverability of Null Arguments*. McGill-Queen's University Press, Montreal.

Rothemberg, M. (1974) : *Les verbes à la fois transitifs et intransitifs en français contemporain*. Mouton, The Hague/Paris.

Sabatini, F. (à paraître) : « Rigidità-esplicitezza » vs « elasticità-implicitezza » : possibili parametri massimi per una tipologia dei testi. SLI, 1998.

Sabio, F. (1995) : Micro-syntaxe et macro-syntaxe. L'exemple des « compléments antéposés » en français. *Recherches sur le Français Parlé*, 13, pp. 111-155.

Schøsler, L. (à paraître) : Passage du système valentiel latin au système de l'ancien français. Actes du colloque « Langages et peuples d'Europe : cristallisation des identités romanes et germaniques (VIIe au XIe siècles) », Conques 11-13 juni 1997.

Schøsler, L. & S. Kirchmeier-Andersen (1997) : *Studies in Valency II. The Pronominal Approach Applied to Danish.* Rask Supplement Volume 5, Odense University Press, Odense.

Spanoghe, A.M. (1995) : *La syntaxe de l'appartenance inaliénable en français, en espagnol et en portugais.* Peter Lang, Frankfurt am Main.

Yaguello, M. (1998a) : La réalisation zéro des clitiques objet dans les constructions di-transitives du français parlé, in : Gadet, F. et al. (éds.) : *Analyse linguistique et approches de l'oral. Recueil d'études offert en hommage à Claire Blanche-Benveniste.* Orbis Supplementa, Peeters, Leuven, pp. 267-274.

Yaguello, M. (1998b) : *Petits faits de langue.* Seuil, Paris.

APPENDICE

Présentation des verbes selon l'Approche Pronominale telle qu'elle a été réalisée dans le dictionnaire électronique PROTON, avec indication de lemme (VAL), classe de mot (CLASS), numéro d'entrée (NUM), exemple(s) (EX), traduction flamande (TR), présentation des paradigmes pronominaux capable de remplir les fonctions valentielles (voir la note 2) y compris la forme zéro (0) et indication de formulation passive.

<u>Description de l'emploi du verbe *aider*, la classe 1</u>
VAL : aider
CLASS : verb
NUM : 3640
EX : je lui tendis la main pour l'aider à se relever ; nous vous aiderons à remonter la pente
TR : bijdragen (tot), vergemakkelijken, bevorderen, in de hand werken
P0 : je, nous, on, qui, que, elle, il, ils, celui-ci, ceux-ci, ça
P1 : 0, te, vous, qui, la, le, les, en Q, celui-ci, ceux-ci, l'un l'autre, se réc.
P2 : 0, (y), y(à_inf), (quoi), (ça), ça(à_inf)
passif être, se faire passif

<u>Description de l'emploi du verbe *surprendre*, la classe 2</u>
VAL : surprendre
CLASS : verb
NUM : 80780
EX : la pluie m'a surpris
TR : verbazen, verrassen, bevreemden
P0 : que, ceci, elle, il, ils, ça(qpsubj), ça(de_inf), celui-ci, ceux-ci, ça
P1 : 0, te, vous, qui, la, le, les, en Q, en, celui-ci, ceux-ci

<u>Description de l'emploi du verbe *ponctuer*, la classe 3</u>
VAL : ponctuer
CLASS : verb
NUM : 62750
EX : ponctuer ses phrases de soupirs
TR : benadrukken, onderstrepen, kracht bijzetten, fraseren
P0 : je, nous, on, qui, elle, il, ils, celui-ci, ceux-ci
P1 : 0, la, le, les, en Q, en, que, celui-ci, ceux-ci, ça
P3 : en, quoi, celui-ci, ceux-ci, ça
passif être, se passif

<u>Description des diverses acceptions du verbe *blanchir*, la classe 4</u>
VAL : blanchir
CLASS : verb

NUM :   11310
EX :   blanchir des légumes / une page / un mur ; elle blanchit légèrement les poireaux
TR :   wit, blank maken, bleken, blancheren, meer wit aanbrengen, uitdrijven, wassen
P0 :   je, nous, on, qui, (que), (ceci), elle, il, ils, celui-ci, ceux-ci, (ça)
P1 :   ceci, la, le, les, en Q, que, celui-ci, ceux-ci, ça
passif être, se passif

VAL :   blanchir
CLASS : verb
NUM :   11315
EX :   je le blanchis de cette erreur ; je le blanchis de son passé
TR :   onschuldig verklaren, vrijpleiten
P0 :   je, nous, on, qui, (que), elle, il, ils, celui-ci, ceux-ci, (ça)
P1 :   te, vous, qui, la, le, les, en Q, celui-ci, ceux-ci, se réfl., l'un l'autre, se réc.
P3 :   0, en, quoi, celui-ci, ceux-ci, ça
passif être, ?se faire passif

VAL :   blanchir
CLASS : verb
NUM :   11330
EX :   ses cheveux blanchissent ; les couleurs ont blanchi
TR :   wit, bleek worden, grijs worden
P0 :   je, nous, on, qui, que, ceci, elle, il, ils, il en...Q, celui-ci, ceux-ci, ça

VAL :   être blanchi
CLASS : verb
NUM :   11340
EX :   elle sera logée, nourrie et blanchie
TR :   bewassing vrij hebben
P0 :   je, nous, on, qui, elle, il, ils, celui-ci, ceux-ci

Un aspect de la subordination en français parlé : l'interrogation indirecte

par

Bart Defrancq

0. Introduction[1]

Cet article essaie d'établir un pont entre deux pistes de recherche sur le français parlé : d'une part, celle qui étudie les phénomènes de subordination et, d'autre part, celle qui étudie l'interrogation. Les résultats de ces recherches sont importants et je présenterai brièvement ceux qui m'intéresseront particulièrement dans ce qui suit. Tout d'abord, pour ce qui concerne la subordination, l'analyse de corpus a permis de constater que le français parlé ne la marque pas systématiquement dans certains cas. Une analyse effectuée par Hanne Leth Andersen (Andersen, 1993) a par exemple démontré que l'omission de *que* dans ce qu'on suppose être des subordonnées se produit pour certains verbes dans un cas sur trois. D'autre part, pour ce qui est de l'interrogation, les corpus de français parlé ont permis de compléter et d'affiner certaines descriptions plus anciennes de ce qui était présenté comme des formes populaires de l'interrogation. On peut penser aux travaux sur la variation morphologique des termes interrogatifs (Gadet, 1989) et aux travaux sur l'utilisation des différentes formes de l'interrogation en français (voir, par exemple, Coveney, 1995, qui en présente un inventaire).

Le succès de ces deux pistes ne s'est malheureusement pas traduit par un plus grand intérêt pour l'interrogation indirecte qui se trouve pourtant à leur croisement. On trouve tout au plus quelques traces de l'interrogation indirecte dans des études portant sur des phénomènes beaucoup plus vastes, et les observateurs se contentent bien souvent de montrer du doigt l'apparition en interrogation indirecte de formes qui relèvent normalement de formes indépendantes ou indirectes de l'interrogation. J'en analyserai trois :

(a) *les formes en 'est-ce que'* : alors que ces formes sont unanimement admises comme correctes en interrogation directe, elles sont encore stigmatisées comme non normatives lorsqu'elles apparaissent dans les interrogations indirectes, témoin les nombreux auteurs qui y voient une particularité du français « populaire » (Danjou-Flaux et Dessaux, 1976 ; Gadet, 1989 ; Muller, 1996 et d'autres).

(b) *la position des termes interrogatifs dans la phrase* : il est généralement admis que contrairement à l'interrogation directe qui offre deux possibilités (la position initiale et la position *in situ*) l'interrogation indirecte contraint le terme interrogatif à occuper la position initiale. Cette thèse serait toutefois à nuancer pour le français parlé, du moins celui parlé dans le quartier Centre-Sud de Montréal, où, d'après les chiffres de Lefebvre & Maisonneuve (1982, p. 191), dans pas moins de 17% des interrogations indirectes le terme interrogatif se trouve *in situ*.

(c) *la position relative du verbe et du sujet clitique* : en interrogation directe le clitique peut précéder ou suivre le verbe, sa position étant en grande partie déterminée par la morphologie du terme interrogatif. En interrogation indirecte, par contre, le clitique précède obligatoirement le verbe. Une des rares exceptions relevées à l'écrit par Le Querler (1996, p. 184) est qualifiée de populaire. Cappeau (1992) en relève plusieurs exemples à l'oral.

Dans l'ensemble, les données qui sont citées le sont à titre occasionnel, de sorte qu'il est difficile de savoir quelle est l'ampleur de chaque phénomène. Il serait pourtant intéressant d'en avoir au moins une idée, car ces données vont à l'encontre de la thèse la plus généralement défendue à propos de l'interrogation indirecte, à savoir qu'elle est avant tout une structure à enchâssement. La structure à enchâssement se caractérise, en effet, par la présence d'un élément subordonnant (conjonction, terme interrogatif) entre la matrice et l'enchâssée et par l'absence de phénomènes d'inversion du sujet clitique. L'interrogation indirecte « populaire » violerait ces deux principes. Elle admettrait, en effet, d'une part, des structures sans élément subordonnant (b) et des structures à inversion (c), mais aussi (a), dans la mesure où l'élément *est-ce que* est encore analysable.

Il convient toutefois de rappeler que l'interrogation indirecte n'est pas la seule structure à enchâssement à présenter ce que j'appellerai désormais des « anomalies ». Celles-ci ont, en effet, également été relevées dans d'autres types de subordonnées et il importera donc, dans ce qui suit, non seulement de rendre compte de l'importance des anomalies de l'interrogation indirecte, ce qui sera fait sur la base de données recueillies dans les corpus rassemblés dans CORPAIX (corpus réalisés à l'Université de Provence), mais également des conditions dans lesquelles elles apparaissent et de voir si ces conditions sont les mêmes que celles identifiées dans d'autres analyses.

1. Conditions dans lesquelles les « anomalies » peuvent apparaître

1.1. Les formes mixtes du discours rapporté.
L'interrogation indirecte appartient, du moins en partie, au discours indirect. Contrairement à son pendant direct, le discours indirect se caractérise essentiellement par une forte cohérence déictique entre l'énoncé rapporté et l'énoncé rapportant (Coulmas, 1985 ; Rosier, 1998). En français, cette cohérence déictique est normalement renforcée par une forte cohérence aspectuelle et par l'enchâssement syntaxique de l'énoncé rapporté. Or, il est généralement admis que ces trois propriétés ne sont pas nécessairement concomitantes, ce qui explique l'existence de certaines formes mixtes, telles que le discours indirect libre (cohérence déictique et aspectuelle mais absence d'enchâssement). Comme l'interrogation indirecte fait partie du discours indirect, on peut s'attendre à y trouver des cas de formes mixtes, c'est-à-dire de formes où une « anomalie » se manifeste au niveau de l'enchâssement.

1.2. Les fausses subordinations.
Andersen (1993) se sert du terme « fausse subordination » pour désigner les structures complexes où la proposition syntaxiquement subordonnée sous forme de complétive véhicule néanmoins la partie essentielle de l'information. Cette proposition ne serait donc pas subordonnée sur le plan sémantique. Dans les corpus de français parlé qu'elle a dépouillés, Andersen constate une tendance très nette à omettre la conjonction *que* dans ces cas, c'est-à-dire à éviter de marquer morphologiquement une subordination qui n'en est pas une. L'anomalie se situe donc ici aussi au niveau d'une des propriétés essentielles de l'enchâssement. Etant donné qu'il est généralement admis que l'interrogation indirecte dépasse le cadre du discours indirect et s'applique aussi à des cas tout à fait analogues aux complétives (introduites par des verbes de perception, par exemple), l'on peut également s'attendre à voir des anomalies apparaître à ce niveau.

1.3. Les actes de langage indirects.
Même si Andersen ne les cite pas, on peut ajouter à la liste des fausses subordinations un nombre considérable de structures qui véhiculent des

actes de langage indirects, c'est-à-dire des actes réalisés sous le couvert d'autres actes et qui cadrent généralement dans une stratégie de politesse (voir par exemple Brown et Levinson, 1996). Un cas amplement commenté de ces actes indirects est celui des actes à formule performative explicite (cf. Récanati, 1981). Il est généralement admis que dans ces structures la partie la plus importante de l'information est véhiculée par la proposition syntaxiquement subordonnée à la formule performative. Si l'on admet que l'acte d'interrogation fait partie des requêtes (*directives* dans la classification searlienne), comme on le fait assez généralement, on peut le considérer comme un *face threatening act* (FTA) au sens de Brown et Levinson (1996), susceptible de déclencher une stratégie de politesse, et plus particulièrement la réalisation d'un acte indirect. L'interrogation à formule performative explicite – qui est au fond une interrogation indirecte – est une des formes que cet acte peut prendre.

2. Analyse des anomalies
2.1. Les formes en 'est-ce qu-'.
Comme il a été dit, au moment de dresser l'inventaire des termes interrogatifs qui peuvent apparaître en interrogation indirecte, de nombreux auteurs font remarquer que, contrairement à ce que la norme prescrit, le français populaire connaît des formes en *est-ce qu-* (Danjou-Flaux & Dessaux, 1976 ; Muller, 1996). Blanche-Benveniste (1997a) conteste cette attribution en soulignant qu'on trouve ces formes assez généralement en français parlé, aussi chez des locuteurs qui n'ont pas recours à des formes populaires. Une autre différence entre les points de vue concerne l'extension du phénomène. Alors que la plupart des observateurs admettent tacitement l'idée selon laquelle tous les termes interrogatifs, à l'exception de *si* (mais *si* n'est peut-être pas un terme interrogatif), peuvent être accompagnés de *est-ce que* en interrogation indirecte, Blanche-Benveniste (1997) semble lier l'apparition de la forme *qu'est-ce qu-* en interrogation indirecte au refus de la forme prescrite *ce qu-*. C. Blanche-Benveniste est d'ailleurs la seule à illustrer ses propos par des exemples tirés de corpus de français parlé.

Dans CORPAIX, la forme *est-ce que* n'apparaît que dans 13 structures[2] qui ont au moins certaines caractéristiques de l'interrogation indirecte. Les cas où une double analyse (indirect et direct) est possible, sont compris dans ce chiffre. Comparé aux centaines de structures sans *est-ce que*, ce chiffre est relativement modeste. En outre, les données ne sont pas conformes aux prévisions. Il est vrai que *est-ce que* apparaît dans des actes de langage indirects (1) et dans des structures relevant du discours rapporté

Un aspect de la subordination : l'interrogation indirecte

(2), mais avec respectivement 4 et 1 exemples, ceux-ci ne sont pas les types numériquement les plus importants. Ils sont largement dépassés par les structures à enchâssement du type (3) dont le nombre s'élève à 8.

(1) *je voudrais savoir qui est-ce qui a ++ qui a ++ qui a eu l'idée de ce procédé* (PUG_2VI, 71-2)

(2) *et /Ø , il/ demande qu'est-ce qu'il doit faire* (BEAUMETT 8,10)

(3) *elle a vu qu'est-ce qu'il y avait par terre* (FERRARI, 4-4)

Cela veut dire que les cas où l'anomalie devrait, selon les prévisions, se présenter en premier lieu, ne sont pas les cas où elle se présente le plus souvent. Il y a donc tout lieu de croire que la présence de *est-ce que* dans les interrogations indirectes n'est pas liée à des types particuliers de subordination qu'on pourrait qualifier de « fausse subordination ». La « particule » est bien installée au cœur même de l'enchâssement.

Or, cela pose un problème si on analyse *est-ce que* comme comportant l'inversion du clitique *ce*. Incompatible avec la notion d'enchâssement, cette inversion, qui ne peut pas être attribuée à une fausse subordination, ferait sortir l'interrogation indirecte du domaine de l'enchâssement. Or, à quelques exceptions près (par exemple Huot, 1979), la thèse généralement soutenue consiste à dire que la particule est figée et ne doit pas être considérée comme l'inversion de *c'est que*. Sans vouloir passer en revue tous les arguments qu'on pourrait invoquer pour défendre ou démonter la thèse du figement, j'en présenterai un qui m'a paru intéressant dans cette approche du français parlé, à savoir celui de l'évolution du figement.

Selon Foulet (1921), la particule *est-ce que* n'a pas fait corps avec tous les termes interrogatifs en même temps : le figement aurait affecté *qui* et *que* en premier lieu, pour ensuite s'étendre aux adverbes interrogatifs et finalement à l'interrogation totale. Or, quand on observe les exemples recueillis dans les corpus de français parlé, on s'aperçoit justement que *est-ce que* n'apparaît que derrière *qui* et *que*. Les corpus ne fournissent aucun exemple *où est-ce que, quand est-ce que, comment est-ce que* ou *pourquoi est-ce que*. L'interrogation indirecte suivrait, en d'autres termes, la même piste que celle entamée il y a plus de cinq siècles par l'interrogation indépendante.

En revanche, ce qu'on voit apparaître derrière *comment* et *pourquoi*, et non derrière *qui* ou *que* (ou sa variante *quoi*), c'est le fameux *que* « populaire » qui a retenu l'attention de plusieurs générations de linguistes (de Beauche, 1929, à Muller, 1996) :

(4) *puis je sais pas comment qu'ils vivent moi* (ALSACEBC, 55-1)

(5) *et voilà pourquoi qu'elle se trouve la rue des trois soleils* (CORPUSG, 47-6)

On s'étonne donc en somme de constater que dans les corpus consultés les formes en *est-ce qu-* et en *que* apparaissent au fond en quelque sorte comme complémentaires, l'une se greffant sur *qui, que*, l'autre sur *comment, pourquoi*, alors que la plupart des observateurs soutiennent que les deux peuvent se greffer sur n'importe quel terme interrogatif.

2.2. La position du terme interrogatif.
Comme il a été dit, il est généralement admis que le terme interrogatif peut occuper deux positions en interrogation directe, mais une seulement en interrogation indirecte, à savoir la position initiale. Le terme interrogatif y assume alors le rôle de ce que certains appellent le « subordonnant » (entre autres Obenauer, 1976). Cependant, lors de leurs recherches sur le français parlé dans le quartier Centre-Sud de Montréal, Lefebvre & Maisonneuve (1982, p. 191) relèvent des exemples d'interrogations indirectes dont le terme interrogatif se trouve *in situ*. Ces exemples sont relativement nombreux : la position *in situ* affecterait 17% de toutes les interrogations indirectes. Quoiqu'il s'agisse là du résultat le plus spectaculaire de leur analyse, les auteurs n'y consacrent que quelques lignes et un seul exemple :

(6) *Il y en a qui savent pas c'est quoi.* (= (20) in Lefebvre & Maisonneuve (1982, p. 190))

L'exemple est intéressant puisqu'il s'agit sans doute effectivement d'une interrogation indirecte : une analyse en deux énoncés isolés ne semble pas possible, et on peut très bien remplacer l'interrogation indirecte par son équivalent « canonique ». Parmi les interrogations indirectes, la structure semble en plus se ranger du côté des vraies subordinations, puisque le verbe qui l'introduit est *savoir*. C'est-à-dire que nous avons là un exemple qui va à l'encontre de toutes les prévisions. Ce qui est encore plus surprenant, ce sont les chiffres cités : 17% de toutes les interrogations indirectes présenteraient un terme interrogatif *in situ*. C'est énorme quand on sait que dans les données que cite Coveney (1995) et qui concernent la présence de termes interrogatifs *in situ* en interrogation indépendante dans plusieurs corpus différents, la moyenne est de 13% seulement. Personnellement, je n'ai relevé aucun exemple comparable à (6) dans les corpus de CORPAIX. Les exemples qui s'en rapprochent le plus sont tous à analyser comme des interrogations directes, comme dans l'exemple suivant :

(7) *je dis mais il il est combien de temps en arrière* (JUSTIF, 4-14)

Autrement dit, il semble fort peu probable que les données citées par Lefebvre & Maisonneuve (1982) concernent l'interrogation indirecte telle qu'elle est conçue ici. Ce qui n'empêche pas que l'exemple (6) est un cas tout à fait pertinent dont il est difficile de rendre compte dans le cadre de l'enchâssement. Il convient toutefois de signaler que la structure de la subordonnée est particulière. Il a entre autres été démontré (Blanche-Benveniste, 1997b) qu'en français parlé le pronom interrogatif inanimé (c'est-à-dire *que*, mais aussi sa variante morphologique *quoi*) occupe rarement la position initiale d'une interrogation lorsqu'il est attribut et, lorsqu'il l'occupe, il est presque obligatoirement accompagné de la particule *est-ce que*. Or, il ne fait pas de doute que la subordonnée de (6) est à analyser comme une structure à attribut et que *quoi* y est attribut. On pourrait donc éventuellement expliquer l'anomalie de (6) par un problème de syntaxe locale qui touche la structure à attribut.

2.3. Le sujet clitique.
Contrairement au français écrit où elle est quasi inexistante, le français parlé admet l'inversion du sujet clitique en interrogation indirecte. C'est du moins ce que soutiennent Blasco & Cappeau (1992) en illustrant le phénomène par les exemples suivants :

(8) *alors à vous de voir lesquels sont-ils* (A2. 11/01/91. débat)

(9) [Ali Campbell] *à qui nous avons demandé en tant qu'auteur de la chanson Mandela's Day que ressentait-il* (A2. 18/04/90. reportage)

(10) *monsieur le Président pourriez-vous nous dire comment concevez-vous les relations entre la France et l'Irak* (A2. 9/01/91. débat)

(11) *euh en France aussi il y a un débat en France pour savoir : jusqu'où faut-il en effet aller euh dans la guerre* (TF1. 03/02/91. 7 sur 7)

(12) *dis nous que faut-il que nous fassions* (A2. 8/06/91. feuilleton. 17h)

A un autre endroit (Cappeau, 1992), Cappeau fait remarquer à propos de ces exemples qu'il « ne retiendra pas comme pertinente l'objection qui voudrait voir dans de tels exemples deux constructions successives avec rupture entre elles », car « l'attention [qu'il a] portée au receuil des données doit suffire à écarter cette éventualité ». Il s'agirait, en d'autres termes, sans aucun doute, d'interrogations indirectes. Avant de les analyser en détail, il convient d'attirer l'attention sur le fait que les exemples cités sont très particuliers. D'une part, ils ne semblent pas faire partie des corpus « réguliers », c'est-à-dire enregistrés et transcrits. D'autre part, dans au moins trois des cinq cas – (8), (10) et (11) – le contexte dans lequel les échanges se déroulent est très particulier, ce qui explique peut-être que je n'ai pas rencontré d'exemples semblables dans les corpus de français parlé que j'ai consultés. Le seul exemple oral rencontré ailleurs est le suivant qui vient de Lefebvre & Maisonneuve (1982, p. 197) et s'est produit dans un sketch où le locuteur imite un « avocat de la couronne » :

>   (13)   *Votre honneur, je voudrais savoir pour quelle somme d'argent l'accusée a-t-elle couché ?* (=(34) in Lefebvre & Maisonneuve (1982))

Lefebvre & Maisonneuve semblent d'ailleurs partager le point de vue de Paul Cappeau selon lequel nous avons affaire à une interrogation indirecte. En commentant l'exemple (13) elles soutiennent qu'il s'agit d'une « hypercorrection de la part des sujets qui pourraient ne pas manipuler ces données correctement tout en sachant qu'elles sont stylistiquement appropriées dans un contexte formel » (Lefebvre & Maisonneuve, 1982, p. 198). Il est clair que pour soutenir que la structure est fautive, il faut bien la considérer comme une interrogation indirecte. Il peut paraître étonnant dans ces circonstances que cet exemple ait été transcrit avec un point d'interrogation, et on se demande s'il n'y a pas là un indice de quelque chose de bien plus intéressant.

En effet, (13) ainsi que (10), (11) et (12), me semble-t-il, sont des cas classiques d'actes de langage indirects où le locuteur formule une question sous le couvert d'une assertion. Dans (13) la question est introduite par une formule performative explicite, dans (10) et (11) par des formules qui visent respectivement à interroger l'interlocuteur sur sa capacité de fournir une réponse, et à reporter la responsabilité de l'acte sur la collectivité. Suivant en cela Brown et Levinson (1996), je dirai que ces trois cas cadrent probablement dans une stratégie de politesse[3]. Dans (12), par contre, la question prend la forme d'une requête, ce qui tend à l'accentuer. Comme il a été noté sous 1.3., ces actes sont à analyser comme de fausses subordinations où la proposition qui véhicule l'information la plus importante se trouve syntaxiquement subordonnée à la proposition qui ne sert qu'au respect des principes de la communication. Il n'est donc pas étonnant de voir des anomalies apparaître à ce niveau-ci. Comme le montre (12), ces anomalies peuvent se multiplier : on ne s'attend pas, en effet, à rencontrer à cet endroit le pronom *que*, qui est caractéristique des formes directes et indépendantes de l'interrogation.

Quant aux deux exemples restants, il semble clair qu'on ne peut pas parler d'actes de langage indirects dans leur cas. Rien ne permet de dire dans (8) ou (9) que le locuteur entend poser une question. Au contraire, (9), par exemple, rapporte une question posée précédemment. Les deux exemples sont d'ailleurs difficiles à analyser et ce pour plusieurs raisons.

Tout d'abord, l'exemple (9), présente une ambiguïté. Il y a, en effet, deux analyses possibles des rapports entre *Ali Campbell* et *il*. Si on admet que ces deux éléments ne sont pas coréférentiels, la structure peut être interprétée comme une interrogation directe normale et se noter comme suit :

(14) ([Ali Campbell]$_i$ *à qui nous avons demandé* [...] : « *que ressentait-il*$_j$? »

Si, par contre, on considère qu'ils sont coréférentiels, ce qui est sans doute plus vraisemblable :

(15) [Ali Campbell]$_i$ *à qui nous avons demandé* [...] *que ressentait-il*$_i$? »

la structure n'est plus analysable en termes d'interrogation directe ou indirecte, puisqu'elle tient des deux. La présence de *que* favorise l'analyse en termes d'interrogation directe. L'homogénéité déictique et aspectuelle de l'ensemble, par contre, est typique de l'interrogation indirecte. En d'autres termes, (15) est une forme de discours rapporté mixte et, de ce fait, susceptible de comporter des anomalies telles que l'inversion du sujet clitique.

L'exemple (8) pose des problèmes d'un autre ordre. D'une part, il est vrai que rien ne permet de lier l'inversion qui y apparaît à un phénomène de fausse subordination ou de discours rapporté mixte. Or, il me semble que, indépendamment de l'inversion du clitique, la structure présente également une anomalie au niveau du sujet. La forme *ce*, suivie du verbe au singulier, me paraît en effet plus appropriée dans ce contexte :

(16) *alors à vous de vous de voir lesquels c'est*

et on s'étonne de constater que, tout comme dans (6), l'anomalie de l'inversion se greffe sur ce qui paraît être un problème lié à la structure à attribut.

Les quelques exemples de l'inversion du sujet clitique en interrogation indirecte ne me semblent donc pas réellement de nature à mettre en question l'appartenance de l'interrogation indirecte à l'ensemble des structures à enchâssement. Tous ces exemples sauf un sont parfaitement conformes aux prévisions concernant l'apparition d'anomalies et la seule anomalie atypique peut s'expliquer à partir d'un complexe plus important d'anomalies.

3. Conclusions

De ce tour d'horizon, je retiens essentiellement trois choses. Tout d'abord, la présence d'anomalies – tous types confondus – dans les corpus de français parlé que j'ai consultés, est finalement très réduite. Exception faite de la particule *est-ce que*, je n'ai personnellement relevé aucune anomalie dans un ensemble de corpus dont le nombre de mots, selon les compilateurs, s'élève à plus de 500 000. En outre, l'anomalie que j'ai rencontrée se présente dans moins de 1% des cas où elle pourrait se manifester. Ensuite, l'analyse des anomalies a permis de constater que dans certains cas, mais pas dans tous, elles peuvent s'expliquer par des phénomènes particuliers qui portent, pour ainsi dire, atteinte à l'enchâssement et qui trouvent leur origine dans un déséquilibre entre l'importance sémantique et le statut syntaxique de la subordonnée. L'apparition de la particule *est-ce que* échappe à cette logique et se doit probablement à un processus de figement qui lie la particule au terme interrogatif. Certains exemples isolés des deux autres anomalies échappent également à cette logique, mais semblent motivées par un problème lié à la structure à attribut, qui mérite une analyse approfondie. Finalement, l'importance quantitative et la pertinence théorique de ces anomalies ne me semblent pas de nature à mettre en question la conception classique de l'interrogation indirecte comme une structure à enchâssement, mais suggèrent bien la pertinence de facteurs sémantiques et pragmatiques dans l'analyse de l'enchâssement.

Bart Defrancq
Université de Gand

Notes

1. La recherche présentée a été menée dans le cadre d'un projet dont le financement est assuré par le Fonds de recherche de l'Université de Gand (Bijzonder Universitair Onderzoeksfonds, GOA n° 12052095). Je tiens à remercier l'équipe du Département de français à l'Université de Provence pour m'avoir donné accès aux corpus de français parlé qu'ils ont réalisés ou fait réaliser.
2. Y ont été inclus les cas qui pourraient également s'analyser comme des propositions indépendantes ou des exemples de discours direct : indépendamment du fait qu'il existe des formes mixtes de discours rapporté, il y a des cas parfaitement homogènes que l'on peut analyser de deux façons.
3. D'ailleurs, les situations dans lesquelles ces actes se sont produits se prêtent idéalement à la réalisation d'actes indirects. Ce sont typiquement des situations qui, suivant la théorie de Brown et Levinson (1996), se caractérisent, l'une (le débat télévisé) par un écart social (social distance) important entre le locuteur (intervieweur représentant en principe les spectateurs) et l'interlocuteur (l'interviewé considéré comme un expert), l'autre (la cour) par le pouvoir (power) que peut exercer l'interlocuteur (juge) sur le locuteur (avocat).

Bibliographie

Andersen, H.L. (1993) : Les complétives non introduites en français parlé, in : Muller, C. et D. Roulland (éds.) : *Subordinations*. Presses universitaires de Rennes, Rennes.

Bauche, H. (1929) : *Le français populaire*. Payot, Paris.

Blanche-Benveniste, C. (1997a) : *Approches de la langue parlée en français*. Ophrys, Gap.

Blanche-Benveniste, C. (1997b) : A propos de Qu'est-ce que c'est et C'est quoi... *Recherches sur le français parlé*, 14, pp. 127-146.

Blasco, M. et P. Cappeau (1992) : Sujet postposé et double marquage. *Recherches sur le français parlé*, 11, pp. 11-30.

Brown, P. et S. Levinson (1996) : *Politeness. Some universals in language usage*. Cambridge University Press, Cambridge.

Cappeau, P. (1992) : *Le sujet postposé en français contemporain*. Aix-en-Provence, thèse de doctorat.

Coveney, A. (1995) : The use of the QU-final interrogative structure in spoken French. *Journal of French Language Studies*, 5, pp. 143-171.

Coulmas, F. (éd.) (1986) : *Direct and Indirect Speech*. Mouton de Gruyter, Berlin.

Danjou-Flaux, N. et A.-M. Dessaux (1976) : L'interrogation en français : données linguistiques et traitements transformationnels, in : Chevalier, J.C. (éd.) : *Grammaire transformationnelle : syntaxe et lexique*. Presses Universitaires de Lille, Lille.

Foulet, L. (1921) : Comment ont évolué les formes de l'interrogation. *Romania*, 47, pp. 243-384.

Gadet, F. (1989) : *Le français ordinaire*. Armand Colin, Paris.

Huot, H. (1979) : *Recherches sur la subordination en français*. Université de Lille.

Lefebvre, C. et H. Maisonneuve (1982) : La compétence des adolescents du Centre-Sud : les structures complexes, in : Lefebvre, C. (éd.) : *La syntaxe comparée du français standard et populaire : approches formelle et fonctionnelle*. 1, Québec, Office de la langue française.

Le Querler, N. (1996) : La place du sujet nominal dans les subordonnées percontatives, in : Fuchs C. (éd.) : *La place du sujet en français contemporain*. Coll. Champs linguistiques, Duculot, Paris/Gembloux.

Muller, C. (1996) : *La subordination en français*. Armand Colin, Paris.

Obenauer, H-G. (1976) : *Etudes de syntaxe interrogative du français. Quoi, combien_ et le complémenteur*. Niemeyer, Tübingen.

Récanati, F. (1981) : *Les énoncés performatifs*. Editions de Minuit, Paris.

Rosier, L. (1998) : *On dit que ou le discours rapporté : histoire, théories, pratiques*. Duculot, Gembloux.

Discours rapporté en français parlé :
rection du verbe de citation et éléments délimitant la citation directe[1]

par

Hanne Leth Andersen

Le discours direct est très fréquent en français parlé spontané, tout comme c'est le cas dans d'autres langues européennes, comme par exemple l'anglais (cf. Tannen, 1984), le suédois (cf. Eriksson, 1997) et le danois (cf. Nielsen & Rathje, 1996). Partout, le phénomène semble plus répandu chez les jeunes, dans un langage qui en devient plus dynamique et engagé : le récit est plein de voix qui s'expriment directement dans le récit mené par le narrateur, ce qui donne au récit un caractère dialogal, et bien que le discours direct ne soit pas toujours accompagné d'un verbe de citation, l'interprétation du récit et l'identification des voix est normalement assez aisée. Il y a en effet d'autres traits syntaxiques (mais aussi lexicaux et prosodiques) qui, avec la logique du récit, facilitent le décodage dans la situation. Dans le présent travail[2], je vais dans un premier temps montrer comment certaines modalités peuvent renforcer la capacité rectionnelle du verbe de citation, ce qui mène à une structure de subordination du discours rapporté, donc au discours indirect. Dans un deuxième temps, je présenterai les marqueurs de délimitation du discours direct et direct libre, pour la plupart inconnus à l'écrit.

On peut diviser les types de discours rapporté en deux types fondamentaux, discours direct et discours indirect ; là où le discours direct garde la citation telle qu'elle aurait pu être prononcée[3] par son auteur (le locuteur original), quand un tel existe, le discours indirect se distingue par ce qu'on appelle souvent les transpositions[4] de personne, de temps et d'adverbes de temps (cf. fig. 1). On peut ensuite distinguer les discours direct et indirect introduits par un verbe de citation (ex. a et b), des discours direct et indirect libres où il y a absence de verbe de citation et donc, même dans la variante indirecte, de conjonction de subordination (ex. c et d). Or, dans la variante indirecte, les autres traits distinguant discours direct et discours indirect sont gardés : la présence des transpositions est la marque du discours indirect libre alors que pour le discours direct libre, la citation se présente comme une citation directe.

    a) Il a dit *mais je ne peux pas vous aider aujourd'hui*
    b) Il a dit *qu'il ne pouvait pas nous aider ce jour-là*
    c) Il est venu tout de suite *mais je ne peux pas vous aider aujourd'hui*
    d) Il est venu tout de suite *il ne pouvait pas nous aider aujourd'hui / ce jour-là*

Le discours direct libre (c) et indirect libre (d) sont parallèles en ce qu'il y a absence de verbe de citation et de conjonction mais que, pour la personne, le temps et éventuellement les adverbes de temps, il n'y a pas de différences par rapport aux deux discours avec verbe de citation (a et b). Finalement, ce n'est que dans le discours direct qu'on peut trouver certains marqueurs discursifs de délimitation de citation comme *mais* (cf. 2.2). Voilà le cadre dans lequel s'inscrit cette petite analyse qui ne s'occupera d'ailleurs pas du discours indirect libre, apparemment absent dans les corpus employés.

Types de discours rapporté :

	Discours direct		Discours indirect	
	Disc. direct (a)	Disc. direct libre (c)	Disc. indirect (b)	Disc. indirect libre (d)
Verbe de citation	0	–	0	–
Conjonction	–	–	0	–
Personne	= citation	= citation	= récit	= récit
Temps	= citation	= citation	= récit	= récit
Adverbes de temps/de lieu	= citation	= citation	= récit	= citation / récit
Marqueurs discursifs	+ / –	+ / –	–	–

Fig.1

1. La rection du verbe de citation

La fonction des verbes de citation dans le discours direct et dans le discours indirect n'est pas la même (cf. Andersen, 1999) : dans le discours indirect, la citation (indirecte) est plus intégrée dans la structure syntaxique régie par le verbe de citation et entre dans la valence de ce verbe, comme objet, ce qui en fait clairement une proposition subordonnée. Voilà pourquoi certains verbes non-transitifs peuvent accompagner le discours direct, mais non pas le discours indirect :

(1a) il a soupiré : « je regrette » (cf. Blanche-Benveniste, 1989, p. 55)
(1b) * il a soupiré qu'il regrettait
(1c) * il l'a soupiré

On pourrait donc prévoir que dès que la rection du verbe de citation est renforcée, par la présence d'éléments sémantiques modaux tels que la négation, la mise en question ou les verbes modaux, la tendance à employer le discours indirect serait plus forte. C'est en effet ce que nous allons constater à partir des corpus analysés.

1.1. Verbe de citation négué.

Quand le verbe de citation est négué, il est fréquemment suivi par le discours indirect (exemples 2 et 3), mais pas de manière obligatoire (4) :

(2) ah mais j'ai pas dit *qu'elle était simple* § non non mais *qu'elle existe indépendemment de l'homme* (Nombres et neurones 209)
(3) non moi moi je ne dis pas *que je l'accepte* mais je dis que . je l'accepte bien sûr / (KK 242-M1)
(4) enfin moi j'ai jamais entendu dire *euh celui-là il est fils d'ouvrier euh* (Anita 9F-067)

Dans (5) et (6), le verbe de citation n'est pas seulement négué, il y a aussi une modalité épistémique, ce qui fait que la rection du verbe est renforcé davantage et qu'il devient difficile de le faire suivre par le discours direct (5' et 6') :

(5) non non je n'peux pas dire *que ça gêne au niveau de la compréhension* tu sais quand quelqu'un t'écrit 'er' au lieu de 'é' accent aigu 's' tu peux comprendre (KK 142-W1)
(6) tu ne peux dire *que ça se distingue de la norme* que parce qu'au départ il existe une norme (KK 308-W1)
(5') ? je ne peux pas dire *ça gêne au niveau de la compréhension*
(6') ? tu ne peux dire *ça se distingue de la norme*

Ceci est peut-être dû au fait que justement il ne s'agit pas d'une citation, comme c'est encore le cas dans (4), mais d'une manière d'exprimer son opinion. *Ne pas pouvoir dire* équivaut ici à *ne pas penser / trouver* ou *ne pas prétendre*, et il n'y a pas, apparemment, l'illusion d'une citation. Dans les exemples (5') et (6'), il y a référence à la forme linguistique de l'énoncé suivant, comme dans « *dites ..., mais ne dites pas ...* »

1.2. Verbe de citation mise en question.

La mise en question opère une modalisation assez forte sur le verbe de citation dont la rection en est fortement renforcée, puisque le discours indirect semble être de l'ordre :

(7) qui te dit que dans cent ans le français ce sera le français qu'on parle maintenant (KK 349-W1)

(8) ou est-ce qu'on peut dire qu'elle est une norme établie par la l'académie française par exemple (KK 192-A)

(9) pourquoi vous voulez dire / que, Ø / c'est un problème ... (Maçon 42,12)

Encore une fois, la modalité ajouté par un verbe modal (exemples 8 et 9) a une forte influence sémantique (cf. 1.3).

1.3. Verbe de citation avec verbe modal.

Les verbes modaux forment souvent avec les verbes de citation des expressions plus ou moins figées telles que *je veux dire* ou *ça veut dire*, où il n'est pas question d'une citation, mais d'une sorte de reformulation comme dans *c'est-à-dire*. On peut cependant bien trouver *vouloir + dire* sans ce sens de reformulation, mais dans un emploi de verbe d'opinion, distinction qui semble liée à la personne grammaticale ; ainsi, la reformulation est liée à la première personne et à la troisième personne neutre (*ce/ça*) alors que dans les autres cas, c'est l'interprétation comme verbe d'opinion qui sera la plus justifiée (cf. ex. 9).

Dans *pouvoir + dire*, le sens épistémique est également moins fréquemment de l'ordre. C'est le cas dans (8), où la question porte justement sur la possibilité de dire quelque chose. C'est également le cas de (10) :

(10) moi je peux dire *que je change de terme* (KK II/24-M1)

Or, dans les exemples suivants (11 et 12), où c'est l'expression *je peux (vous) dire* qui est employée, *pouvoir* sert à renforcer le sens de *dire*, qui revient à 'assurer' ou 'garantir' :

(11) je peux vous dire – que – de mille neuf cent quatre vingt un à mille neuf cent quatre vingt trois – date où la fin du dossier où où le dossier Farewell est di disons est refermé puisque Farewell disparaît – euh la position d'la France – vis-à-vis d'ses alliés occidentaux a été au zénith (Apostrophes 059)

(12) elle s'appelle Natacha et je peux vous dire qu'elle est russe (Apostrophes 117)

Dans l'exemple (13), *devoir* semble garder son sens déontique d'obligation, mais l'expression est assez figée et fonctionne plutôt comme un marqueur discursif soulignant le contenu de la proposition qu'elle accompagne que comme un verbe de citation à modalité, ce qui est également signalé par l'absence de conjonction de subordination :

(13) *je dois dire* ça m'amusait beaucoup d'être au milieu de grands gaillards en bleu de chauffe (Jeanne 042)

1.4. Verbe de citation au temps passé.
Avec un verbe de citation dans un autre temps que le présent (temps du passé et conditionnel), la tendance à employer le discours indirect est plus forte, mais le discours direct est aussi souvent employé.

Au conditionnel, le verbe *dire* peut être employée de deux manières : soit *dire* est un recteur fort qui régit la subordonnée suivante, comme dans (14), soit il est question d'une expression de reformulation, possible uniquement à la première personne du singulier.

(14) c'est c'est c'est *je dirais* qu'c'est : c'est trop beau pour être – des romans (Apostrophes 73)

Dans les temps du passé (passé composé, imparfait, passé récent), la citation après *dire* peut être directe ou indirecte (avec une fréquence du discours indirect bien plus grande qu'avec le présent) :

(15) et on m'a dit *que c'était vraiment super* alors si je vais avec quelqu'un ... (Anita 5M-563)
(16) tout à l'heure moi tout à l'heure j'ai dit *que ça ça euh de faire des restrictions ça : : ça menait aussi à une certaine créativité* (Musique 071)
(17) mais j'ai dit *vous vous rendez compte c'est que trente-cinq mètres carrés qu'ils font* (Maçon 27,5)
(18) et euh le soviétique disait simplement *voilà euh moi je suis prêt à servir la France* (Apostrophes 004)
(19) alors je disais *que Londres était une ville beaucoup plus tranchée socialement que Paris* (Cours 041)
(20) t'es tu viens de dire *qu'elle nous l'a qu'on nous l'impose* (KK 605-M1)

Dans quelques rares cas, il s'agit d'une expression figée qui a la fonction de marqueur discursif pour signaler une reprise de parole : *je disais*. C'est le cas de l'exemple (21), où le locuteur revient à ce qu'il était en train de dire avant une interruption. Dans de tels cas, il n'y a pas de conjonction et il ne s'agit pas d'une citation (contrairement à ce qui est le cas dans l'exemple 19).

(21) et euh : : oui *j'disais* – les instituteurs – eux avaient proposé – euh : de répartir les : ... (B (234))

Les limites entre le discours indirect et le discours direct ne sont pas toujours aussi claires que ne l'indique le schéma (fig. 1). Il est possible de trouver les transpositions de personne (cf. 22) et de temps (22 et 23) sans la présence de la conjonction *que* :

(22) moi j'y avais dit *il(s) trouverai(en)t quelque chose de bien mieux* hè je vous le dis hè (Maçon 81,3)

(23) et et je quand j'avais dit *j'étais pas d'accord parce que* ... (KK 516-M1)

2. Délimitation de la citation directe

2.1. Introduction du discours direct (délimitation externe).

Les verbes de communication qui peuvent avoir la fonction de verbes de citation sont très nombreux, mais les verbes de citation les plus fréquents dans les corpus utilisés ici sont *dire* et *faire*, *crier* et *appeler*, et, pour la citation de textes écrits, les verbes *écrire* et *marquer* . Dans ces corpus, la place du discours direct est après le verbe de citation. Les verbes introduisant des questions et des réponses (*demander, répondre*) semblent être suivis le plus souvent du discours indirect.

2.2. Délimitation interne du discours direct.

Le narrateur peut *souligner le côté spontané* par des *marqueurs* qui en même temps signalent le début de la citation, de la même manière que des guillemets. De tels marqueurs peuvent être *bon, bon ben, alors, tiens, écoute, euh, tu sais, franchement, mais*, un prénom (vocatif) ou des exclamations telles que *oh là là* (cf. aussi ex. 29, 34, 35, 36, 37, 40, 43, 44). Ces marqueurs sont également utilisés dans le discours direct libre.

(24) on dira tiens elle fait une faute tiens euh (KK 334-W2)

(25) Kiki m'a dit – écoute Sophie euh tu sais euh – à la à au : camp de char à voile y'a une place puisqu'y a personne qui dort ce soir (Colonie de vacances 118)

(26) parce que sinon on se dit franchement c'est trop c'est trop c'est trop vache (Anita F12-137)

Le narrateur peut aussi changer la qualité de sa voix, son accent, sa prononciation, ses gestes quand il cite une autre personne, ou bien il peut imiter un certain vocabulaire qui caractérise la personne citée (cf. ex. 36, où la tante semble commencer toutes ses répliques par *Pellerin*).

Pour la délimitation interne à la fin d'un énoncé rapporté, il est quelquefois difficile de juger. Le seul marqueur lexical interne que j'ai pu trouver est l'expression *et cetera* (cf. ex. 27 et 30) qu'on ne trouve qu'à la fin d'une citation. Selon la définition du discours rapporté, cette expression fait partie de la citation qui justement n'est pas exacte ; *et cetera* résume la suite du discours rapporté, jugée non essentielle par le narrateur. On peut dire qu'il y a là un changement de stratégie, puisque le narrateur ne feint plus de citer mot à mot l'auteur : l'illusion de la citation exacte est brisée.

2.3. Délimitation finale, externe au discours direct.
La fin d'un discours direct n'est pas toujours facile à percevoir, même dans la situation. Or, elle peut être marquée par certains marqueurs externes de même que par certains procédés syntaxiques. On peut diviser les différents types de délimitation finale en quatre :

1) Le marqueur *bon* (et *bon alors*) :

    (27) c'est comme si tu demandais à un à un mathématicien *euh euh euhm qu'est-ce que vous pensez de de la . du système euh du système décimal euh et cetera* **bon** le système décimal celui qu'il utiliserait tout le temps (KK 495-W2)

2) Retour à la structure d'avant le discours rapporté, (souvent avec une petite hésitation : *euh*). Il peut s'agir d'une structure où l'élément énoncé avant le discours direct dépend d'un élément qui doit le suivre, comme par exemple une proposition conditionnelle :

    (28) **si l'Académie française venait à dire** *Proust il a il euh c'est pas ça euh il parle faux euh ses phrases sont fausses euh* **ça lui enlèverait quelque chose par rapport à nous** (KK 610-M1)

Par répétition d'une forme syntaxique déjà apparue, comme par exemple le gérondif :

    (29) **en disant** *ben oui j'suis un créateur et cetera euh* **et en disant** *ben non j'suis un créateur* (Musique 075)

Très souvent, le retour à la structure du récit proprement dit se fait par une structure de coordination avec *et puis*, *alors* ou, quelquefois, *après* :

    (30) moi c'est pareil quand quand je leur téléphone ils me disent *t'as l'accent parigot* **et puis** quand je suis là-bas y a pas de problèmes (KK 272-M2)

(31) alors il dit *non non non je peux pas manger je peux pas manger* **alors** euh je dis *bon ben mais écoute je te paye à boire tu prends à manger* **alors** il dit *non non* **alors** on s'est on a on s'est retrouvé devant un jus de tomates (Eschmann, « Text 3 », 38)

(32) parce que --- elle me disait toujours *je le dirai – à papa –* **après** c'était – ça ça m'a beaucoup marquée (Vieilles dames 6,11)

3) Retour à la structure et au thème par opposition : *mais, d'accord mais, alors que* :

(33) on euh leur avait dit *à minuit au plus tard* **mais** ça commence à minuit (Vieilles dames 116,7)

(34) il te dirait *euh ouais bon mais quand je fais ça ça me rappelle ma petite enfance euh parce que euh y a tel élém élément que je retrouve et ça m'fait un choc* **d'accord mais** il commence *quand j'fais ça . tel truc* (KK 561-M2)

(35) quand je suis ici mon frère il me dit *mais qu'est-ce que t'as t'as t'as un accent parisien qu'est-ce que tu tu te mets à parler comme ça* **alors que** je l'ai pas du tout (KK 269-W3)

4) Délimitation par une nouvelle citation, introduite par un verbe de citation, par une autre marque syntaxique d'introduction de discours direct ou sans introduction. La délimitation est donc établie soit par le nouveau verbe de citation et son sujet, soit par une nouvelle réplique qui suit logiquement de la précédente ; le plus souvent il s'agit de la réponse à une question. On peut dire que le décodage repose sur les connaissances qu'a l'interlocuteur des règles de prise de parole dans les dialogues, mais si les répliques non introduites qui suivent directement après une autre réplique ne sont pas la réponse à une question posée, elles sont souvent introduites par des marqueurs de délimitation interne (ex. 36 et 44).

2.4. Introduction du discours direct libre.
Quand le discours direct n'est pas accompagné d'un verbe de citation, on peut dire, parallèlement au discours indirect libre, qu'il s'agit d'un discours direct libre. Comme déjà dit, cette distinction est parallèle à celle qu'on établit traditionnellement entre le discours indirect et le discours indirect libre. Le discours direct libre est introduit par d'autres marques extérieures que les verbes de citation, et ces marques semblent être en partie les mêmes que celles qui introduisent le discours indirect libre (la succession logique des actions par exemple, cf. Rosier, 1993a, p. 366).

On peut dire que ce qui précède le discours rapporté est une sorte de cadre, qui introduit ou réintroduit la personne qui sera la source (l'auteur) de la citation suivante. Les introductions d'une citation peuvent être résumées en 5 types :

1) Référence à un verbe de citation précédent

(36) elle me dit *j'sais pas moi va chercher un truc ça m'dérange pas mais j'entends pas . mais là Pellerin Pellerin j'suis là . la télévision Pellerin mais j'te parle* bon *euh ouais qu'est-ce qu'il y a qu'est-ce qui s'passe* (Anita 5Mb-578)

Dans cet exemple, la deuxième citation, *Pellerin Pellerin*, se rapporte, par opposition (*mais là*), au premier verbe de citation (*dire*) et on sait que c'est encore *elle* (la tante) qui crie. A partir de là, les marques de discours direct sont internes, et les deux voix se succèdent ; le locuteur répond : *j'suis là*, la tante citée commence sa troisième réplique par *Pellerin*, ce qui semble la caractériser, et le locuteur répond ensuite en commençant par un marqueur de début de citation (*euh ouais*).

2) Introduction par un verbe de situation
Le verbe décrit la *situation* dans laquelle se trouve l'auteur de la citation ; souvent, il s'agit d'un verbe d'action ou de mouvement qui sera donc suivi par un autre verbe d'action, celle de s'exprimer directement. Le verbe peut être fini ou non fini, et dans le cas d'un verbe non fini, c'est le sujet logique qui est l'auteur du discours rapporté.

(37) avant d'**se coucher** *oh là là là là j'pense à demain – ah ah pouah remarque remarque quand même j'vais faire la chandelle –* j'ai dit *mais d'toute façon la chandelle ça n'comptera pas beaucoup d'points* (Cours d'anglais 070)

Dans cet exemple, le discours rapporté (*oh là là là là j'pense à demain – ah ah pouah remarque remarque quand même j'vais faire la chandelle*) est présenté par un verbe de mouvement non fini. L'auteur est le sujet (logique) de ce verbe (*se coucher*). On peut remarquer que cette réplique est délimité à la fin par la réplique du narrateur, introduite par *j'ai dit*.

3) Introduction par l'expression Sujet + ÊTRE + *là*
C'est le sujet du verbe d'attribution qui est l'auteur.

(38) les gens me parlent alors **j'suis là** *qu'est-ce que t'as dit* alors euh (Anita 5Mb-583)

(39) **ils sont là** *d'où tu me cherches d'où tu me cherches* / (Anita 5M-254)

4) Introduction par un verbe avec complément d'attribut du sujet (ex. 40) ou bien un attribut libre (ex. 41).

C'est le sujet logique de l'attribut (le sujet du verbe recteur) qui est la source de la citation.

(40) **ils sont pas contents** *bon d'accord j'te laisse allez va-t'en* (Anita 5Mb-584)

(41) il peut arriver aussi qu'il y ait des parents qui soient venus à l'école **complètement furieux** *qui qui vous a permis de prendre mon enfant qu'est-ce que vous avez fait avec lui* (91-2, Squadroni 34,8, cit. par Blanche-Benveniste 1997, p. 109)

Voici en 42 l'exemple d'une structure avec attribut du sujet comme introducteur de discours direct. Cette fois, c'est l'attribut qui constitue la référence de la citation (*moi*).

(42) moi c'est pas ma mère qui m'en a proposé **c'est carrément moi** *je peux goûter* (Anita 8F-245)

Il est intéressant de constater que les expressions limitatives semblent avoir une prédilection pour l'introduction du discours direct. En suédois parlé, l'un des introducteurs les plus fréquents chez les jeunes est justement dérivé de l'adverbe « bara », signifiant *seulement* ou *simplement* (cf. Eriksson, 1997, pp. 156-161) ; dans le corpus d'Eriksson, l'introducteur « ba » représente 42,3% des exemples avec le discours direct. Dans l'exemple 43, c'est le verbe impersonnel, *il suffit*, qui marque avec le marqueur interne *euh*, qu'il s'agit d'un exemple de discours direct (*euh t'as pas une cigarette*) :

(43) parce que bon **il suffit** *euh t'as pas une cigarette* n'importe quoi puis tout de suite ils s'énervent ah on était pas très à l'aise (Anita 8F-343)

Jusqu'ici, nous avons surtout vu des exemples avec une seule réplique citée. Cependant, les répliques peuvent faire partie d'une scène entière avec deux participants. Le caractère dialogal peut apparaître avec un verbe de citation, le plus souvent suivi par le discours direct. Or, il apparaît aussi sans verbe de citation, comme dans l'exemple suivant, où des répliques introduites par *faire* et *dire* alternent avec des répliques introduites par *j'étais là* et des répliques non introduites. Pendant tout le dialogue, le locuteur, un jeune homme, imite l'accent arabe du marchand de tapis, ce qui facilite le décodage :

(44) alors **il fait** *bon vous voulez un tapis vous* **on était là** *non non merci ça va on veut pas d'tapis / écoutez c'est pas cher c'est 1500 (xxx) / 1500 mais t'es malade 1500 c'est trop cher / écoute c'est quoi ton prix c'est*

> quoi ton prix / j'sais pas moi 300 francs **il fait** euh 300 francs écoute c'est vendu c'est acheté d'accord je te l'vend 300 francs **j'ai dit** mais t'es malade j'ai pas d'argent moi / hah là là qu'est-ce que c'est qu'ça **j'étais** là écoutez vous repassez avec votre tapis et puis moi je je l'achète j'aurai j'ai pas d'argent sur moi / bon ben écoutez c'est pas grave enfin t'es là tu sais **il m'disait** euh moi je rentre au Maroc j'suis plus en France la France ça m'énerve et tout hah là là qu'est-ce que c'est qu'ça (Anita 5M-258)

Comme le fait remarquer Mats Eriksson (1997, p. 166), cette sorte de dialogue non introduit repose sur les connaissances qu'a l'interlocuteur des structures de prise de parole dans les dialogues, et le dialogue le plus facile à suivre et le plus facile à reproduire sans verbe de citation est un dialogue avec des questions et des réponses.

3. Conclusion

Nous avons pu constater que dans les cas où une modalité ou une temporalité autre que le présent s'ajoute au verbe de citation, le type de discours rapporté le plus souvent employé est le discours indirect, où on peut dire que le verbe de citation est clairement un verbe recteur et où la citation entre clairement dans une proposition subordonnée, objet du verbe de citation. En revanche, dans les cas où le verbe de citation n'est pas modifié, le discours rapporté le plus employé à l'oral est le discours direct (et direct libre). Le verbe de citation indique la source du discours rapporté, mais ne régit pas ce discours : c'est alors le verbe de citation qui est subordonné par rapport à la citation, de la même manière que d'autres marqueurs indiquant ou soulignant la source d'un énoncé tels que *je pense, je trouve, je crois* (cf. Andersen, 1997).

Le discours direct, qui est le plus souvent loin d'être une citation exacte, mais qui en donne l'illusion, est caractérisé par l'absence de transpositions : ni la personne, ni le lieu, ni le temps ne sont transposés contrairement à ce qui est le cas dans le discours indirect. Les trois unités, *moi, ici, maintenant*, sont préservées, ce qui ajoute de la spontanéité au récit. Très souvent, ce n'est pas seulement une réplique qui est citée, mais tout un dialogue. On peut dire qu'il y a une mise en scène du récit et qu'en général, les marqueurs plus spécifiques du discours direct à l'oral sont caractéristiques d'un style « engagé » (cf. Tannen, 1984).

Il faut peut-être ajouter que dans les corpus que j'ai employés se manifeste également un petit groupe de personnes « pas jeunes », ayant plus de quarante ans. Ici, la tendance est la même, avec, semble-t-il, un peu moins de discours direct libre.

Si les locuteurs en général utilisent beaucoup le discours direct, ils varient cependant son introduction et ses marqueurs internes ; d'autres structures que l'inquit classique sont employées pour introduire une citation, de même que la citation elle-même est délimitée par des marqueurs d'introduction internes et des marqueurs externes qui signalent sa fin. Les marqueurs internes contribuent à accentuer l'authenticité de la citation, bien que celle-ci, bien évidemment, soit fictive.

Hanne Leth Andersen
Université d'Aarhus

Notes

1. Je remercie mes deux collègues Povl Skårup et Henning Nølke d'avoir bien voulu lire deux versions préliminaires de ce texte ; la présentation de la version finale a bien profité de leurs commentaires.
2. Pour une discussion du cadre des analyses présentées ici, voir aussi Andersen (1999), dont le présent article reprend et développe certains aspects.
3. Dans le discours direct, on donne l'impression d'une citation non changée, ce qui est évidemment une illusion (cf. 1.1).
4. Quand on dit transposition, on sous-entend qu'il y a une autre structure de base, un discours direct à partir duquel le discours indirect se construit. Cette idée transformationnelle est peut-être utile pour le pédagogue, mais ce n'est pas une réalité linguistique (cf. Banfield, 1973).
5. Comme les conventions ne sont pas les mêmes pour les corpus employés, et que certains des corpus ne sont pas transcrits en entier, la trancription donnée dans cet article peut différer de la transcription éventuellement faite par le propriétaire du corpus.

Corpus[5]

Corpus du GARS, Université d'Aix-en-Provence : Maçon, Vieilles dames.
Corpus de Paris III : Nombres et neurones, Colonie de vacances, Apostrophes, Musique, Cours d'anglais.
Corpus d'Anita Berit Hansen, Université de Copenhague (Anita).
Corpus de Thomas Kotschi, Université libre de Berlin (KK).
Jürgen Eschmann : *Texte aus dem « français parlé »*, Text 3 (Eschmann).

Bibliographie

Andersen, Hanne Leth (1997) : *Propositions parenthétiques et subordination en français parlé*, Thèse de Ph.d. Université de Copenhague.
Andersen, Hanne Leth (1999) : Discours direct en français parlé, in : Boysen, Gerhard & Jørn Moestrup (éds.) : *Etudes de linguistique et de littérature dédiées à Morten Nøjgaard*. Odense University Press, Odense, pp. 15-31.

Banfield, Ann (1973) : Narrative style and the grammar of direct and indirect speech. *Foundations of Language* 10, pp. 1-39).

Blanche-Benveniste, Claire (1997) : *Approches de la langue parlée en français*. Ophrys, Paris.

Eriksson, Mats (1997) : *Ungdomars berättande, En studie i struktur och interaktion*. Institutionen för Nordiska Språk ved Uppsala Universitet, Uppsala.

Nielsen, Rikke Buch & Marianne Rathje (1996) : « Næsten som at være der selv – citater i ungdomssprog ». A-opgave ved Institut for Nordisk Sprog og Litteratur, Aarhus Universitet.

Rosier, Laurence (1993a) : Le discours direct libre : béquille théorique ou objet d'étude grammaticale ? *Revue de Linguistique Romane*, 57, pp. 361-371.

Rosier, Laurence (1993b) : Vers une extension de la notion de subordination : l'exemple du discours indirect. *Travaux de Linguistique*, 27, pp. 81-96.

Tannen, Deborah (1984) : *Conversational style : Analyzing talk among friends*. New Jersey, Norwood.

La polysémie de l'adverbe *déjà*

par

Maj-Britt Mosegaard Hansen

1. Introduction

Cet article comporte une analyse sémantique de l'adverbe *déjà*. Nos données sont un mélange d'exemples inventés ou relevés dans différents corpus de français écrit et parlé.

L'analyse s'inscrit dans le cadre d'une approche globale du langage que l'on peut qualifier de cognitivo-fonctionnelle et qui est d'inspiration surtout anglo-américaine. Au niveau de la sémantique, nous nous réclamons de ce que Kleiber (1990, ch. 4) a appelé la version 'étendue' de la théorie du prototype, version qui pose la polysémie comme un phénomène linguistique central et qui explique les variations de sens d'une même unité linguistique par des liens associatifs opérés par les locuteurs en contexte. Si nous appelons notre approche 'cognitivo-fonctionnelle', et non pas simplement cognitiviste, c'est parce que le côté interactionnel et communicatif du langage, qui pour nous est tout à fait essentiel à sa description, est à notre avis quelque peu méconnu par le cognitivisme pur, ce dernier s'intéressant surtout aux représentations individuelles des locuteurs.

L'adverbe *déjà* a plusieurs emplois en français moderne. Prenons d'abord deux emplois que l'on peut appeler temporels ou aspectuels :

(1) Pierre est *déjà* arrivé
(2) Vous êtes *déjà* venu ici ?

Deuxièmement, ce marqueur peut avoir un sens pour lequel nous ne trouvons pas vraiment de nom, mais que l'on pourrait éventuellement appeler 'comparatif' :[1]

(3) A : (locuteur non-natif) Quelle est la différence entre une studette et un studio ?
B : Ben, par exemple, tu vois la piaule de Marie ? Ça, c'est une studette, alors que mon appart à moi, c'est *déjà* un studio

(4) Menton, c'est encore la France, mais Ventimille, c'est *déjà* l'Italie

Troisièmement, il a des emplois que l'on a qualifiés de 'logiques' (Trésor de la langue française 1978, p. 1006 ; Martin 1980, p. 170), mais que nous appellerions plutôt 'argumentatifs' :

(5) Ce n'est *déjà* pas mal

(6) ...c'est quand même très bien parce que bon *déjà* c'est original comme film (...) et il y de très belles photos... et puis non c'est bien (ABH 2F + copine : 15-16)[2]

(7) Souvent les pauvres n'imaginent pas la perte de temps que ça peut être, pour un riche, la prison. *Déjà* qu'en temps normal il n'arrive pas à tout dépenser, la prison c'est l'enfer, on n'a même pas la place d'entasser (Le Nouvel Observateur 1757, p. 42)

Et, enfin, il peut fonctionner comme marqueur interactif dans les interrogatives :

(8) (Dans une librairie. Une femme écrivain signe son dernier roman. Première image.)
Aggrippine : Pour Agrippine, s'il vous plaît.
(Deuxième image.)
Agrippine : Votre livre est giga c'est exactement ma vie.
Auteur : Ah bon.
(Troisième image.)
Agrippine : C'est trop ouaf parce que je ne suis pas hyper conforama comme fmeuh.
Auteur : Quel nom, *déjà* ?
(Quatrième image.)
Agrippine : Agrippine... il se vend bien votre livre ?
Auteur : Avec deux p ? (C. Bretécher, *Agrippine*)

(9) A. mhm moi j'ai bien aimé ce film-là
C. mhm
A. parce qu'il y a un cadre historique qui est très bien...
B. rendu
A. euh oui
C. c'était quelle guerre *déjà* ? // la guerre de cent ans là (ABH, 2F + copine, 9-10)

2. *Déjà* temporel/aspectuel

Traditionnellement, on a classifié *déjà* parmi les adverbes temporels, mais nous préférons suivre Traugott & Waterhouse (1969), Hoepelman & Rohrer (1980), et Martin (1980) en parlant plutôt d'un adverbe aspectuel.

La fonction de *déjà*, dans notre analyse, n'est pas de localiser une éventualité dans le temps, mais plutôt de poser que la phase initiale d'une quelconque éventualité p a eu lieu à un repère temporel m0. Cela est compatible avec l'analyse de Muller (1975, p. 32), pour qui l'adverbe « présente le procès sous un aspect inchoatif ». En revanche, *déjà* ne dit rien sur les phases médiale et finale de l'éventualité p en question, ce qui permet à celle-ci de continuer ou pas à être vraie après m0.

Déjà a en outre des affinités avec l'aspect accompli. Il pose le repère temporel m0 comme une phase suivant la phase initiale de p, et il indique qu'il y a eu dépassement d'une frontière qualitative.

En même temps, l'adverbe implicite conventionnellement (cf. Grice 1975) que la non-occurrence à m0 du début de l'éventualité p en question aurait été dans les normes pour au moins un individu virtuel (qui n'est donc pas forcément identique au locuteur), c'est-à-dire que le fait que p soit vrai à m0 va à l'encontre des attentes d'un tel individu. Il évoque ainsi deux espaces mentaux (cf. Fauconnier 1984), ne différant entre eux que par l'occurrence ou la non-occurrence de p à m0, et il signale que l'espace dans lequel le début de l'éventualité s'est effectivement produit à m0 correspond à la réalité. Il a donc une nuance modale.

2.1 *Première interprétation.*

En français, il y a deux interprétations possibles pour le *déjà* aspectuel. Le premier *déjà* est équivalent, du point de vue vériconditionnel, à *dès maintenant* ou *dès ce moment-là*. Il est compatible avec tous les types d'éventualités, c'est-à-dire avec les états, les activités, et les événements :

(10) Luc est *déjà* à Londres
(11) L'eau bout *déjà*
(12) Marie a *déjà* mangé son gâteau

Et il est compatible avec tous les temps verbaux, y compris le passé simple et le futur :

(13) J'étais encore dans ma tendre enfance, et aux bras de ma nourrice, quand ma nature cruelle et farouche montra *déjà* sa barbarie (Camus, cit. TLF 1978, p. 1005)
(14) Cela n'aura de sens qu'une minute et sera *déjà* trop vieux quand tu le recevras (Mallarmé, cit. TLF 1978, p. 1005)

Dans cet emploi, *déjà* entre dans une certaine relation supplétive avec *encore*, dans la mesure où la négation du premier se fait normalement à l'aide de la locution *ne ... pas encore*, et non pas à l'aide de *ne ... pas déjà* :

(15) Pierre est déjà arrivé

(16) Pierre *n*'est *pas encore* arrivé

A notre avis, cependant, le fait qu'une phrase comme (17) soit tout à fait grammaticale, montre qu'il ne s'agit pas d'une relation proprement morphologique, mais que la possibilité de supplétion existe plutôt parce que *déjà* et *encore* ont des sémantismes opposés, et qu'en utilisant *encore*, on élimine l'implicitation conventionnelle sur la 'précocité de survenance' (TLF 1978, p. 1005) de l'éventualité *p* :

(17) Pierre *ne* peut *pas déjà* être arrivé

En fait, le statut de cette idée de 'précocité de survenance' de *p* est débattu dans la littérature. Fait-il vraiment partie de la signification propre de *déjà*, et si oui, à quel niveau exactement ? Nous avons déjà vu plus haut qu'il s'agit pour nous d'une implicitation conventionnelle. Il faut remarquer, cependant, que contrairement à la tradition inaugurée par Grice (1975), pour qui les deux types d'implicitations, conversationnelles et conventionnelles, doivent trouver leur explication au niveau pragmatique, puisqu'elles n'influencent pas les conditions de vérité des phrases dans lesquelles elles apparaissent, nous préférons suivre Blakemore (1987, p. 17) en considérant les implicitations conventionnelles comme faisant partie de la sémantique. Après tout, il s'agit là de nuances de sens invariables, amovibles (angl. *detachable),* et non calculables, et le fait qu'elles ne changent rien au conditions de vérité de leurs phrases-supports ne suffit pas à les exclure de la description sémantique, étant donné que la sémantique n'est de toute façon pas à elle seule en mesure de déterminer les conditions de vérité d'un très grand nombre d'énoncés (par exemple ceux qui contiennent des déictiques.)

Ainsi, selon nous, l'idée de survenance précoce fait bien partie de la signification propre de l'adverbe, et il est pour le moins bizarre de dire (du moins sans intention ironique) :

(18) ?? Pierre est *déjà* arrivé, avec trois heures de retard

(19) ?? Jacques s'est *déjà* marié à 65 ans

Et *déjà* paraît incompatible avec des phrases 'gnomiques' :

(20) ?? La terre tourne *déjà* autour du soleil

Le français parlé

La polysémie de l'adverbe déjà

Toutefois, Michaelis (1992, p. 325) note que l'adverbe anglais *already* peut en fait apparaître dans des phrases qui décrivent une situation qui existe depuis toujours. Cela vaut également pour *déjà* :

(21) Le yaourt aux fraises est moins calorique : il n'y a pas besoin d'y ajouter du sucre, car les fraises sont *déjà* sucrées

Selon Martin (1980, p. 170), si *déjà* pose qu'une proposition p est vrai au repère temporel $m0$, il présuppose à la fois la possibilité de $\neg p$ à un temps $m<m0$, et la possibilité de p à un temps $m>m0$:

(22) *présupposé*   *posé*   *présupposé*
      $m<m0$ $m0$ $m>m0$
      $P\neg p$ p Pp

La première présupposition expliquerait la bizarrerie de (20), car il n'est guère concevable que la terre n'ait pas tourné autour du soleil à $m<m0$, mais alors pourquoi (21) est-il acceptable ? A notre avis, l'approche véri-conditionnelle de Martin s'avère ici insuffisante : dans (21) il n'est pas objectivement possible que les fraises n'aient pas été sucrées à un temps $m<m0$, mais qu'elles le soient devenues à $m0$. En revanche, il est tout à fait possible que quelqu'un (peut-être l'interlocuteur, peut-être une tierce personne, peut-être simplement un locuteur virtuel) ait pu penser que les fraises étaient trop peu sucrées pour qu'on n'ait pas besoin d'ajouter du sucre à un yaourt aux fraises. – En effet, la seule raison que nous voyons de tenir un discours comme celui de (21), c'est que l'on veut justement signaler l'annulation de cette possibilité, annulation qui est effectuée par l'énonciation de (21), c'est-à-dire dès $m0$. De même, (23) serait tout à fait admissible dans un contexte où l'interlocuteur se figurerait que la terre ne tourne pas autour du soleil :

(23) Ecoute Jérôme, c'est vrai que le roman de Dupont parle d'un monde futur, mais quand il décrit l'orbite de la terre autour du soleil, ce n'est pas de la science fiction, car la terre tourne *déjà* autour du soleil

Pour expliquer les emplois de *déjà*, il faut donc tenir compte des représen-tations mentales peut-être divergentes des locuteurs, ce qui rend indispen-sable une approche cognitivo-pragmatique.

Pour Martin (op. cit., p. 171), l'idée de 'survenance précoce', et donc la bizarrerie de (18) et (19), s'expliquerait non au niveau présuppositionnel, mais à celui de l'illocutoire, où l'adverbe exprimerait justement qu'il est vrai pour au moins un locuteur virtuel que $\neg p$ aurait été possible à $m0$. Nous avouons ne pas très bien comprendre cet emploi du terme 'illocu-toire', et, comme nous l'avons déjà dit à plusieurs reprises, nous lui préférons celui d'"implicitation conventionnelle', dans la mesure où il semble s'agir là d'une nuance de sens invariable et amovible, c'est-à-dire liée à l'emploi de ce vocable précis.

De toute façon, l'approche vériconditionnelle s'avère de nouveau insuffisante, car si nous prenons un exemple comme (19), tout lecteur conviendrait sans doute qu'il est objectivement possible qu'un homme de 65 ans ne soit pas marié, et pourtant l'emploi de *déjà* fait bizarre ici. Encore une fois, il faut prendre en compte des structures cognitives, cette fois un 'cadre' (angl. *frame* ; cf. de Beaugrande & Dressler 1981, pp. 90 ss.), conceptuel et conventionnalisé, selon lequel un homme se marie normalement pour la première fois avant l'âge de 65 ans – du moins dans nos cultures occidentales.

Pour Muller (1975, p. 24), *déjà* véhiculerait en outre une présupposition sur le procès. Selon cet auteur, ce qui est posé par *déjà*, ce n'est pas l'existence de l'éventualité *p* en question, mais seulement le moment de son accomplissement par rapport au repère temporel. En niant ou en mettant en question une phrase comme (24), il semble en effet que l'on continue à prendre la floraison éventuelle de l'arbre pour de l'acquis ((25),(26)) :

(24)   L'arbre fleurit *déjà*

(25)   L'arbre *ne* fleurit *pas encore*

(26)   Est-ce que l'arbre fleurit *déjà* ?

Toutefois, on trouve des exemples comme (27), où il nous semble que rien ne permet d'affirmer que la proposition 'X a revu « Sur la route de Madison » trois fois' soit présupposée par le locuteur :

(27)   Il a découvert récemment, à la télévision, le film de Clint Eastwood avec Meryl Streep, « Sur la route de Madison ». Il l'a *déjà* revu trois fois. (NO 1774, 63)

Egalement, si Muller (loc.cit.) a raison, des exemples comme (28) et (29) devraient être inacceptables, à moins de présupposer que cela doive de toute façon arriver à Karine d'avoir tôt ou tard ou bien un cancer du sein (28), ou bien au moins six enfants (29) :[3]

(28)   Karine n'a que 12 ans, et elle a *déjà* un cancer du sein !

(29)   Karine n'a que 23 ans, et elle a *déjà* six enfants !

Ceci indique que, si l'on a bien l'impression que l'éventuelle floraison de l'arbre est pris pour de l'acquis dans (24)-(26), cela doit être dû à une implicitation conversationnelle (cf. Grice 1975), liée à la pertinence de l'énoncé, plutôt qu'à une présupposition. Comme l'on sait, les implicita-

La polysémie de l'adverbe déjà

tions conversationnelles sont susceptibles d'être annulées dans certains contextes.

Peut-être une telle implicitation sur le procès est-elle renforcée dans (24)-(26) par le fait que, dans ces phrases, c'est l'adverbe aspectuel qui seul est focalisé, ce qui donne au reste de la phrase le rôle de substrat (Nølke 1994, p. 146), ce dernier véhiculant normalement ce que Nølke (op. cit., p. 129) appelle une présupposition 'faible', c'est-à-dire une proposition que l'allocutaire n'a aucune raison de croire fausse.

Dans (27)-(29), en revanche, ce qui est focalisé, c'est plutôt l'adverbe de fréquence (27), ou bien le complément d'objet direct (28)-(29), qu'il est donc difficile de comprendre comme étant présupposés.

Comme le remarque Muller (1975, p. 31), l'emploi du *déjà* aspectuel comporte une directionnalité irréversible. Ainsi, il est normal de dire (30), mais bizarre de dire (31) :[4]

(30) Il est *déjà* tard
(31) ?? Il est *déjà* tôt

Cela montre encore une fois la pertinence d'un approche cognitive, car, si l'on parle des jours et des nuits, il est clair que, d'un point de vue 'objectif', le tôt et le tard se suivent de manière cyclique, et qu'il n'y a pas à proprement parler de directionnalité allant du tôt vers le tard. Ce n'est que du point de vue des représentations cognitives conventionnelles qu'il y a une frontière plus ou moins infranchissable entre la fin d'une journée et le début d'une autre. C'est-à-dire que, du moins en Occident, nous opérons avec une représentation du temps qui est traditionnellement illustrée par une flèche, mais qu'une représentation en forme de cercle serait au fond tout aussi compatible avec les faits :

(32)   tôt   tard
   ────────────────────────>

(33) **Figure 1**

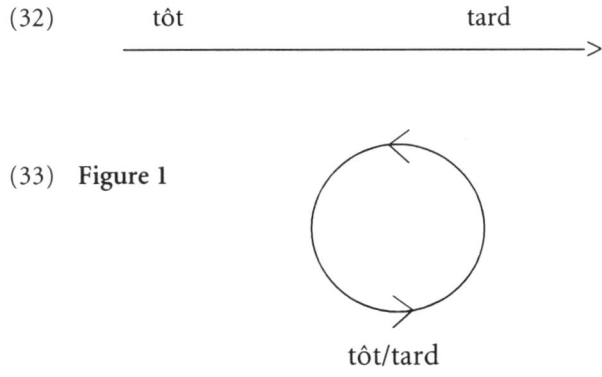

2.2 Deuxième interprétation.

Le deuxièment *déjà* aspectuel est paraphrasable par *auparavant*, et sa négation se fait normalement à l'aide de *ne ... jamais* :

   (34)   Vous êtes *déjà* venu ici ?
   (35)   Vous *n*'êtes *jamais* venu ici ?

Il nous semble que ce sens-ci ne peut apparaître que dans les temps composés, mais qu'il reste compatible avec tous les types d'éventualités :

   (36)   Charlotte a *déjà* été au Vietnam. C'était en 1976
   (37)   Odile a *déjà* fait du ski. C'était en 1976
   (38)   Jean a *déjà* couru le marathon. C'était en 1976

Ce *déjà* ne peut, selon Muller (1975, p. 14) être employé que si l'éventualité en question est susceptible de se reproduire plus tard :

   (39)   (Dans une oraison funèbre) ? ?Il a *déjà* fait du bien dans sa vie

A notre avis, cela est vrai pour le premier sens aussi, si l'on reformule le critère comme le fait Michaelis (1992, 324n) à propos de *already*, c'est-à-dire que cet adverbe « requires the possibility of further accretion of values (...) along [a] scale ». Par exemple, si Jean a commencé à courir à midi, on peut dire à midi et demie :

   (40)   Jean court *déjà* depuis une demi-heure

Cette éventualité est expansible, c'est-à-dire qu'elle permet 'l'accumulation continue de valeurs', car on peut dire à 13h30 :

   (41)   Jean court *déjà* depuis 90 minutes

En revanche, on ne peut pas dire que :

   (42)   ?? Jean court *déjà* depuis midi

– car le fait de 'courir depuis midi' n'est pas expansible. La phrase pourrait éventuellement recevoir une lecture (marginale) où elle serait équivalente à *Déjà à midi, Jean a commencé à courir,* mais la lecture par défaut correspond à *Déjà, Jean court depuis midi,* et celle-ci est inadmissible.

Selon le TLF (1978, p. 1006), le deuxième sens de *déjà* apparaît quelques siècles après le premier. A notre avis, il s'agit néanmoins au fond du même *déjà*, car la différence de sens peut être expliquée comme venant du contexte. D'abord, en association avec *déjà*, le passé composé retrouve, selon Hoepelman & Rohrer (1980, p. 131), son sens historique de 'perfectum praesens', c'est-à-dire qu'il exprime le résultat d'un procès quelconque. Deuxièmement, selon Herweg (1992, p. 390), l'aspect accompli est en fait

La polysémie de l'adverbe déjà

un opérateur imperfectif, c'est-à-dire qu'il transforme des activités et des événements en états. Si l'on dit que :

(43) Georges s'est fait voler sa voiture

– on dit de Georges qu'il se trouve actuellement dans l'état de s'être fait voler sa voiture, c'est-à-dire dans la phase résultant d'un événement de vol accompli avant le repère temporel m0. Une fois entré dans un tel état, on ne peut strictement pas en sortir, ce qui veut dire que l'événement de vol lui-même n'a pas besoin d'être contigu à m0, mais qu'il a en principe pu avoir lieu à n'importe quel moment m<m0, et même à plusieurs reprises. Maintenant, en ajoutant *déjà*, on mettra l'accent sur le début de cet état, c'est-à-dire là où la transition de l'événement de vol à son résultat vient de s'accomplir. Mais, comme les deux sont forcément impliqués, l'un peut, selon les contextes, assumer une plus ou moins grande importance par rapport à l'autre, ce qui nous donnera les deux interprétations possibles :

(44) Georges s'est *déjà* fait voler sa voiture, et cela ne fait que trois semaines qu'il l'a achetée

(44') Georges s'est *déjà* fait voler sa voiture. C'était en 1976

Il y a deux remarques à faire à propos du sens 'auparavant' :

1° Dans (44'), il n'y a pas de présupposition de survenance précoce. Pour l'instant, nous n'avons pas d'explication de ce phénomène.

2° *Déjà* n'admet jamais cette interprétation quand il est placé en position thématique :

(45) *Déjà*, Georges s'est fait voler sa voiture

Ici, *déjà* ne peut être paraphrasé que par *dès maintenant*. A notre avis, l'impossibilité du sens 'auparavant' est liée à la portée élargie de l'adverbe dans cette construction. Il nous semble que *déjà* modifie ici ce que le philosophe Hare a appelé la composante 'tropique' plutôt que la composante 'phrastique' (cf. Lyons 1977, pp. 749 ss.), c'est-à-dire que *Georges s'est déjà fait voler sa voiture* se laisserait paraphraser par *Il est vrai que Georges s'est fait voler sa voiture à m0*, alors que (45) se laisserait paraphraser par *Il est vrai à m0 que Georges s'est fait voler sa voiture*.

3. *Déjà* 'comparatif'

Nous avons parlé de la directionnalité inhérente au *déjà* temporel, et de son rapport avec le fait que nous avons l'habitude, du moins en Occident, de nous représenter le déroulement du temps comme une flèche allant du passé vers l'avenir.

Pour expliquer l'emploi du *déjà* 'comparatif'(cf. l'ex. (3)), il faut transférer l'idée d'une évolution dans le temps dans le domaine des échelles de valeurs (cf. Ducrot 1973.) Une phrase comme (3) évoquerait alors l'échelle suivante, basée entre autres sur la taille de l'habitation et sur la façon dont elle est équipée :

(46)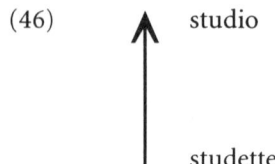

L'aspect temporel objectif disparaît, et il n'y a plus question que de ce que Langacker (1990, p. 327) appelle un 'parcours mental', commençant en bas de l'échelle et allant vers le haut. Selon Langacker (loc.cit.), le degré de subjectivité s'accroît dans de telles expressions, car la présence du 'sujet conceptualisateur' est implicite dans l'expression, et nécessaire pour sa compréhension.

Vu ainsi, l'emploi de *déjà* se justifie par le fait que, en parcourant mentalement l'échelle, le sujet conceptualisateur arrivera à la valeur 'studette' avant d'arriver à la valeur 'studio'. Mais, contrairement à ce qui était le cas pour l'emploi aspectuel de *déjà*, la directionnalité ne semble pas irréversible dans cet emploi (encore que le renversement passe nettement mieux si l'on ajoute *ne ... que*) :

(47) A. Je sais qu'une studette est moins grande qu'un studio, mais à part ça, je ne vois pas vraiment la différence
B. Eh bien, tu vois mon appart à moi ? Ça, c'est un studio, alors que la piaule de Marie, ce *n'est déjà qu'*une studette

L'emploi voisin illustré dans l'ex. (4) n'implique pas le parcours mental d'une échelle de valeurs, mais plutôt que le sujet conceptualisateur parcourt mentalement une carte géographique, commençant quelque part en France et allant vers l'Italie. A part cela, le fonctionnement de *déjà* est la même, et ici aussi, on peut parcourir la carte en sens inverse, c'est-à-dire de l'Italie vers la France :

(48) Ventimille, c'est encore l'Italie, mais Menton, c'est *déjà* la France

On retrouve l'idée de dépassement d'une frontière qualitative dans cet emploi *(in casu* entre les catégories 'studio' ou 'être en France', et les catégories 'studette' ou 'être en Italie'), et *déjà* implicite ici, comme König (1977, p. 183 ss.) l'a déjà remarqué, que l'entité à laquelle on applique le prédicat est une instance située en marge de la catégorie conceptuelle pertinente *(in casu* 'un petit studio', et 'une ville frontalière'.) Ainsi, il serait étrange de dire :

(49) ?? Paris, c'est encore la France, mais Rome, c'est *déjà* l'Italie

On pourrait voir là un rapport avec l'inchoativité exprimée par le *déjà* aspectuel : en parcourant l'échelle des catégories d'habitations, on arrive avec l'appartement du locuteur de (3) au début de cette partie de l'échelle qui comprend la catégorie 'studio'. De même, en parcourant la carte géographique en (4), on commence à être en Italie en arrivant à Ventimille.

Le sens qui nous occupe a un autre lien avec le *déjà* aspectuel, car on peut dire que dans ces exemples, l'adverbe exprime que, en effectuant le parcours mental pertinent, l'on arrive plus tôt que prévu (par au moins un locuteur virtuel) aux valeurs 'studio' et 'être en Italie'. On retrouve donc, dans cet emploi, la trace de l'implicitation conventionnelle de 'survenance précoce' postulée pour l'adverbe aspectuel.

Ce *déjà* ne peut pas, nous semble-t-il, être placé en position thématique :

(50) ?? Ça, c'est une studette, mais ça, *déjà*, c'est un studio

Encore une fois, cela doit être lié à la portée de l'adverbe : à notre avis, la raison en est que les espaces mentaux alternatifs évoqués par ce *déjà* concernent des entités et leur catégorisation, et non pas la vérité des propositions, c'est-à-dire que ce *déjà* n'est pas vraiment un adverbe de phrase au même titre que le *déjà* aspectuel.

4. *Déjà* argumentatif

Les emplois 'argumentatifs' (cf. (5)-(7)) ont été traités de façon assez sommaire par la plupart des chercheurs, l'étude de Franckel (1989) mise à part. Muller (1975, pp. 32 ss.) se contente de dire que les emplois non temporels de *déjà* peuvent être paraphrasés par *commencer par,* et les emplois correspondant de *encore* par *continuer par,* et il offre l'exemple suivant :

(51) Il n'a *déjà* pas fait son travail, et il va encore se promener

Cependant, ce n'est pas le cas que tous les *déjà* argumentatifs se laissent paraphraser par *commencer par* de manière naturelle :

(52) A : qu'est-ce qu'il fallait que je ramène encore ouais putain il faudra gauler un frigo / – / (:) parce que là le proch/ e : en &janvier&&
B : &Charlotte *déjà*&& elle ne trouve pas là de frigo pour son nouvel appart (Bouev, 4)[5]

(52') ? Charlotte, elle commence par ne pas trouver là de frigo pour son nouvel appart

ou bien (en fonction de la portée attribuée à *déjà* dans l'énoncé original) :

(52") ? Commençons par Charlotte : elle ne trouve pas là de frigo pour son nouvel appart

– Et, même dans l'exemple de Muller, la paraphrase proposée semble créer autant de problèmes qu'elle en résoud, car si l'on dit de quelqu'un qu'il a 'commencé par ne pas faire son travail', il ne s'agit visiblement pas là d'un emploi proprement temporel de *commencer par,* ce qu'il faudrait expliquer.

Pour Martin (1980, p. 170), l'emploi 'logique' de *déjà,* qu'il exemplifie par (53), signifie la réalité d'un premier résultat dans une série qui peut en compter d'autres :

(53) C'est *déjà* ça de pris

Une telle analyse, comme d'ailleurs celle de Muller (1975), semble supposer une notion de succession des éventualités dans le temps qui n'est pas forcément présente dans tous les exemples :

(54) ...il y avait pas la famille de Marseille notamment, et eux on est *déjà* obligés de les inviter, puis je m'en ferai un plaisir de les inviter plus exactement (François 50)

Dans cet exemple, il est peu vraisemblable que la locutrice ait l'intention de signifier qu'elle a d'abord été obligée d'inviter la famille de Marseille, et que c'est seulement par la suite qu'elle a décidé qu'elle s'en ferait un plaisir. Il est vrai qu'il y a une espèce de succession, mais il s'agit ici de l'ordre dans lequel les deux arguments sont venus à l'esprit de la locutrice, et non pas de ordre dans lequel les éventualités dénotées sont apparues dans les faits.

En fait, il ne semble pas y avoir besoin, pour pouvoir employer *déjà,* que d'autres éventualités soient réellement envisagées par le locuteur :

(55) Cela a été un bon moment de vie commune, on se racontait nos histoires, on papotait crème de beauté... Malgré cela, on n'est pas devenues amies pour autant. Depuis Cannes, Natacha et moi ne nous sommes pour ainsi dire pas revues. Mais bon, on a fait quelque chose ensemble, un film, un prix... c'est *déjà* énorme. (Marie Claire, octobre 1998, p. 138)

Ici, il est assez clair que la locutrice n'envisage pas d'évolution dans sa relation avec Natacha, et que le fait d'avoir 'fait quelque chose ensemble' représente le stade le plus poussé auquel accédera leur amitié. Mais il reste bien entendu vrai que des résultats encore plus positifs *auraient été* envisageables, si les circonstances avaient été différentes.

La phrase marquée par *déjà* n'a même pas besoin *(pace* Martin 1980, p. 170 et Franckel 1989, p. 257) d'exprimer elle-même un résultat réel ou un fait. Dans (56), les interlocuteurs ne connaissent pas encore la somme dont le premier héritera – en fait, ils ne savent même pas (cf. *je crois être son seul héritier)* s'il héritera effectivement de quelque chose :

(56) A. Ma tante vient de mourir, et je crois être son seul héritier. Il n'est pas impossible qu'elle m'ait légué 1 million de francs, et même deux ou trois.
B. Eh bien, 1 million, ce serait *déjà* une somme

Dans l'optique culiolienne qui est celle de Franckel (loc.cit.), le sémantisme de base de *déjà,* quel que soit son emploi précis, est d' »[opérer] la confrontation entre deux constructions autonomes et indépendantes d'un procès », une qui est relative à un repère subjectif, et une autre qui est relative à un repère temporel. Des deux, la première est moins centrée que la seconde, c'est-à-dire que ce qui se construit subjectivement se voit dépasser par ce qu'il en est dans les faits.

Quoiqu'il y ait certainement du vrai dans les trois analyses antérieures, on entrevoit déjà que quelques modifications nous semblent néanmoins s'imposer. Le point essentiel, à notre avis, c'est qu'aucun des trois chercheurs mentionnés ne fait (du moins, explicitement) la différence entre les trois positions que peut occuper le *déjà* argumentatif, à savoir :

1° la position syntaxiquement intégrée, comme dans (5) ;
2° la position détachée ou thématique, comme dans (6) ; et
3° la construction *déjà* + complétive, comme dans (7).

Il y a, en fait, dans plusieurs cas, une différence nette de sens, selon que le marqueur se trouve dans l'une ou l'autre construction. Si une phrase contenant le *déjà* 'intégré' peut fonctionner de manière autonome sans problème, *déjà* en position thématique ou suivi d'une complétive semble appeler une continuation, du moins implicite :

(57) C'est *déjà* bien, son truc
(58) *Déjà,* c'est bien, son truc (et puis...)
(59) *Déjà* que c'est nul son truc (si en plus...)

De plus, le *déjà* intégré semble impliciter une comparaison scalaire avec une éventualité de même nature, alors que le *déjà* thématique permet une continuation exprimant un argument de nature différente :[6,7]

(60) 100.000 francs, c'est *déjà* une somme. 500.000, ce serait une vraie fortune !

(61) J'aime bien cet appart : *déjà*, il est super-bien situé, puis il est grand, et enfin il n'est pas cher

(61') ? J'aime bien cet appart : il est *déjà* super-bien situé, puis il est grand, et enfin il n'est pas cher

Encore une fois, les données présentées semblent avoir un rapport avec la portée de l'adverbe. Le *déjà* argumentatif syntaxiquement intégré et à portée restreinte est très proche de l'emploi 'comparatif' que nous avons vu dans (3), et, en effet, du point de vue cognitif, les deux fonctionneraient de manière analogue : dans (60), par exemple, on arriverait, en parcourant l'échelle pertinente du bas vers le haut, plus tôt que prévu à une valeur constituant ce qu'on appellerait 'une somme'. Il se peut en fait que la différence entre ces deux emplois soit négligeable, et qu'il faille plutôt les considérer comme un seul et même sens, d'autant plus que la variante argumentative semble également permettre le renversement de l'échelle en question :

(62) 100.000 francs, ça, c'est une somme. 50.000, ça ne vaudrait *déjà* pas le coup

Le *déjà* argumentatif thématique et à portée large nous semble plus proche des adverbes de phrases 'conjonctifs', tels que *d'abord, en premier lieu, ...* etc., c'est-à-dire qu'il porte sur l'énonciation. Selon la tripartition de Hare mentionnée plus haut, ce *déjà* modifierait alors la composante 'neustique' de l'énoncé. Dans un exemple comme (61), *déjà* marque le premier argument d'une série. Il est tout à fait vraisemblable que cet emploi a été, à l'origine, lié aux emplois scalaires dans la mesure où la proposition marquée par *déjà* aurait exprimé un argument plus faible que les propositions suivantes. On peut, en effet, retrouver des traces d'une force argumentative croissante dans certains exemples contemporains, par exemple :

(63) A. ...et alors LE ROBERT SUR CD-ROM ça à mon avis ça doit être mais LE KIFFE total,
    B. – mouais / – /
    A. – ben si e quand tu veux vraiment faire des recherches e & et gagner du temps c'est *très bien* &&
    B. & ouais et c'est hyper cool mais bon moi && je me dis toujours t'as quand même e <u>déjà</u> t'as pas le contact avec la moi j'aime bien

La polysémie de l'adverbe déjà

>le contact avec l'objet e livre, *déjà* donc e (h) aller voir dans un dictionnaire (...) et l'autre truc e c'est que par exemple si t'as une panne de courant ben t'es pas dans la merde pour trouver ton mot quoi (Corpus Reumaux, 1)

La locutrice B présente ici deux arguments pour ne pas aimer les dictionnaires sur CD-ROM. Le premier, marqué par *déjà*, est de nature subjective et plutôt émotionnelle, tandis que le deuxième est de nature objective et pratique, et celui-ci peut donc dans une certaine mesure être considéré comme l'argument le plus fort. Cependant, la grande majorité de nos exemples du *déjà* argumentatif thématique ne nous semble pas présenter de différence de force très nette entre les arguments, et nous disons qu'il n'a aujourd'hui pour fonction que de marquer le premier argument qui vient à l'esprit du locuteur.

Dernière critique : Franckel (op. cit., p. 271 *et passim*) affirme à plusieurs reprises que le *déjà* argumentatif n'est pas, ou du moins très peu, compatible avec les valeurs détrimentales. Si cela semble être généralement vrai pour le *déjà* en position intégrée,[8] ce l'est bien moins quand l'adverbe a une portée large (cf. (51) ou (52), par exemple), et la généralisation est (comme Franckel (op. cit., p. 277) l'a bien remarqué) clairement contredite par tous les exemples que nous avons de la construction *déjà* + complétive, qui, elle, semble invariablement dénoter des situations perçues comme négatives dans le contexte.

Cette dernière construction a des propriétés intéressantes. Comme l'on sait, certains autres adverbes de phrase, tels *heureusement* ou *peut-être*, peuvent également être suivis par une complétive, alors que d'autres, comme *malheureusement* ou *franchement*, sont incompatibles avec cette construction (cf. Borillo 1976 ; Guimier 1998) :

>(64) *Heureusement* que Gabrielle viendra
>(65) *Peut-être* qu'il ne nous a pas vu
>(66) **Malheureusement* que Pierre a perdu son boulot
>(67) **Franchement* que c'est une porcherie ici

Selon Guimier (op. cit., p. 163), la différence entre la construction en *Adv., P(hrase)* et celle en *Adv. que P*, réside dans le fait que dans celle-ci, l'adverbial constitue le noyau, ou le support, de la phrase entière, qui est donc à proprement parler une phrase averbale. Dans cette construction, l'adverbial fonctionne de manière assertive, modale, mettant l'accent sur la réalisation vs. non-réalisation du procès en question (op. cit., pp. 165 ss.), alors que dans la construction *Adv., P*, il fonctionne plutôt de manière évaluative. Là où *Adv., P* est un signe de posé, *Adv. que P* est, d'après cet auteur, une marque de préconstruit (op. cit., p. 167), si bien que la construction « est communément utilisée pour servir de point de départ à une assertion nouvelle » (op. cit., p. 172.)

Tout cela semble tout à fait compatible avec les emplois de *déjà que P* vs. *déjà, P*. La proposition marquée par *déjà que* exprime dans tous nos exemples des contenus qui sont en quelque sorte pris pour de l'acquis dans le contexte (il peut même s'agir de lieux communs), tandis que l'acte de langage principal est ou bien exprimé dans ce qui suit, ou bien (plus rarement) sous-entendu. Encore faut-il remarquer que *déjà que P* comporte une nuance sémantique particulière que l'on ne retrouve pas dans la construction *Adv. que P* en général, à savoir son apparente spécialisation pour exprimer des faits que le locuteur perçoit comme indésirables, ainsi par exemple :

> (68) Je me mis à avoir de l'herpès, un genre de bouton de fièvre, d'origine nerveuse, qui se place en général sur les lèvres.
> J'étais chouette avec mon « plouf » sur la bouche !
> *Déjà* qu'elle est grande, mais avec ce truc-là, c'était une entrée de métro ! (Bardot, Brigitte. 1996. *Initiales B.B.*, p. 183. Grasset, éd. Livre de poche. Paris)

> (69) ...*déjà* que le boxeur a les yeux qui se brouillent, quand il reçoit plein de coups de poing dans la figure, si en plus le menton de l'adversaire est caché par une barbe ça deviendrait vraiment difficile de viser pour les uppercuts. (NO 1774, 46)

Il faut cependant insister sur le fait qu'il ne s'agit pas forcément de faits perçus comme détrimentales en soi : ce qui compte c'est que le locuteur les considère comme tels dans le contexte concret :

> (70) A. Tu savais que le nouveau mec de Géraldine est vice-président d'une multinationale ?
> B. C'est pas vrai ! *Déjà* qu'il est grand, beau et charmant, si en plus il a du fric, nous autres, on n'a plus aucune chance auprès d'elle !

Cette nuance particulière fait de *déjà que* un marqueur plus subjectif que le *déjà* en position détachée, et celui-là représenterait alors probablement une extension sémantique de celle-ci. En outre, l'argument marqué par *déjà que* a invariablement moins de force que la proposition suivante (ou sous-entendue.) Nous avons présumé ci-dessus qu'un tel élément de sens a dû, au départ, être présent dans le *déjà* thématique. De toute façon, on le retrouve dans le *déjà* en position intégrée, ce qui relie *déjà que* à cet autre emploi de l'adverbe.

La polysémie de l'adverbe déjà 173

5. *Déjà* interactionnel

Dans ce dernier emploi, *déjà* n'apparaît que dans les interrogatives. Dans de telles structures, il est toujours post-posé à la phrase noyau, comme une espèce d'"après coup'. Il nous semble qu'il peut être utilisé de deux manières foncièrement semblables, mais qui ont des implications différentes pour l'interaction.

Dans les deux cas, *déjà* indique que le locuteur devrait en fait connaître la réponse à sa propre question, mais qu'il l'a oubliée. Il est clair que ce *déjà* vient modifier l'énonciation, ou la composante neustique. On pourrait le paraphraser par quelque chose comme *Je pose déjà la question.* Il peut être lié aux autres emplois de l'adverbe par le fait que l'obligation de poser la question se présente plus tôt que prévu (par au moins un locuteur virtuel.)

Dans la bande dessinée de Brétécher, l'ex. (8), *déjà* fonctionne comme un marqueur de politesse, au sens de Brown & Levinson (1987). Agrippine a en effet donné son nom dès le début de l'interaction. Que son interlocutrice ne s'en souvienne plus quelques instants après est une marque (parmi d'autres) de son inattention, et constitue en tant que telle une atteinte à la face positive d'Agrippine. En indiquant qu'elle est consciente de son infraction, la locutrice offre une réparation symbolique. Dans cet exemple précis, la réparation est en effet on ne peut plus symbolique, car l'attitude générale de la locutrice, ainsi que la formulation lapidaire de sa question, montrent qu'elle ne s'intéresse guère à Agrippine. Cela montre le degré de conventionnalisation que *déjà* a atteint dans cet emploi : il est en fait sur le point d'être devenu un automatisme.

Dans (9), *déjà* vient plutôt sauver la face positive de la locutrice elle-même, car c'est elle qui risque de paraître ignorante. Elle marque sa question avec *déjà* pour marquer que la réponse ne lui est en fait pas inconnue, ce qui est renforcé par le syntagme suivant *la guerre de cent ans là,* qui montre qu'elle a, en effet, des notions d'histoire. Au lieu d'être une information nouvelle, ce qui impliquerait une inégalité de connaissances entre les interlocuteurs, la réponse attendue est en avance transformée en un simple rappel, ce qui préserve l'équilibre interactionnel.

Cet emploi 'interactionnel' de l'adverbe est, paraît-il, le plus récent de ceux qui nous ont occupés dans le présent article (cf. TLF 1978, p. 1006), mais contrairement aux emplois 'comparatifs' et 'argumentatifs', il ne semble impliquer aucune notion de scalarité, et on peut le rattacher directement à l'emploi aspectuel, comme nous l'avons déjà laissé entendre.

6. Conclusion

Dans l'ensemble, les différents emplois de *déjà* semblent bien illustrer les trois tendances diachroniques que Traugott (1990) identifie dans l'évolution sémantique des lexèmes, à savoir :

> Tendency I.
> Meanings based in the external described situation > meanings based in the internal (Evaluative/perceptual/cognitive) situation.
> (...)
> Tendency II.
> Meanings based in the described situation > meanings based in the metalinguistic situation.
> (...)Tendency III.
> Meanings tend to become increasingly based in the speaker's subjective belief state/attitude toward the situation. (Traugott op. cit., pp. 499 ss.)

Selon Traugott (loc.cit.), la première de ces trois tendances peut fournir de l'input à la deuxième, et les deux peuvent fournir de l'input à la troisième.

Le sens original de l'adverbe étant 'dès maintenant' ou 'dès ce moment-là', il a acquis assez tôt l'implicitation conventionnelle de précocité de survenance du procès en question, cette implicitation étant de nature clairement évaluative. Nous avons là affaire à la première tendance. Avec l'emploi comparatif et le *déjà* argumentatif syntaxiquement intégré, nous assistons à une subjectification croissante du sens du vocable, en d'autres mots, à l'opération de la troisième tendance. Le *déjà* argumentatif thématique et l'emploi interactionnel, qui tous les deux s'attache à l'énonciation, nous montrent la deuxième tendance à l'œuvre. Enfin, l'emploi argumentatif avec complétive représenterait une subjectification de l'emploi argumentatif métalinguistique.

Comme nous avons vu, les divers emplois de l'adverbe *déjà* forment un réseau sémantique, où chaque sens peut être relié à au moins un des autres, mais où il semble difficile de trouver un seul sémantisme de base commun qui permettrait la dérivation de tous les emplois possibles. Voilà pourquoi la polysémie est pour nous une notion indispensable dans l'étude des marqueurs discursifs.[9]

Maj-Britt Mosegaard Hansen
Université de Copenhague

Notes

1. Cet emploi a été identifié pour l'adverbe allemand *schon* par König (1977, pp. 183 ss.)

La polysémie de l'adverbe déjà

2. Les exemples marqués ABH proviennent du corpus d'Anita Berit Hansen (1990), *Analyse sociolinguistique de deux évolutions linguistiques dans le français parlé à Paris : la stabilisation du 'e caduc' interconsonantique et l'apparition d'un [ə] final,* mémoire de maîtrise non publié, Université de Copenhague.
3. Il se peut qu'il y ait des différences dialectales (ou idiolectales) ici, car deux informantrices nous ont dit être choquées par (28), alors que nos autres informateurs trouvent les deux exemples parfaitement admissibles et les interprètent comme indiquant simplement que le locuteur trouve précoce qu'une adolescente de douze ans ait un cancer du sein, ou une femme de vingt-trois ans, six enfants.
4. De même que l'on peut dire *Il est encore tôt,* mais pas *Il est encore tard.*
5. Nous remercions le professeur Mary-Annick Morel d'avoir bien voulu nous donner accès aux corpus de français oral enregistrés par l'UFR de linguistique française de l'université de Paris III.
6. A première vue, l'exemple (54) ci-dessus semblerait aller à l'encontre d'une telle généralisation. Cependant, il ne nous semble pas impossible de postuler l'existence une échelle comprenant les deux prédicats *être obligé de* et *se faire un plaisir de,* alors que les prédicats *être bien situé, être grand* et *n'être pas chers,* bien qu'ils puissent fonctionner comme arguments pour une même conclusion, ne forment guère une échelle plausible. Ainsi, il nous semble plus naturel de dire (i) que de dire (i'), alors qu'il n'y a pas de différence d'acceptabilité pragmatique entre (ii) et (ii') :
    (i) Je suis obligé de les inviter, et je m'en ferai même un plaisir
    (i') ?Je me ferai un plaisir de les inviter, et j'y suis même obligé
    (ii) J'aime bien cet appart : il est super-bien situé, et il est même grand
    (ii') J'aime bien cet appart : il est grand, et il est même super-bien situé
7. Maintenant, on pourrait évidemment faire valoir que dans l'exemple de Muller, (51), *déjà* se trouve en position intégrée, et pourtant, la deuxième proposition exprime un argument d'une autre sorte que celui exprimé par la première proposition. Ce qu'il faut remarquer, cependant, c'est d'abord que, dans de tels exemples, où le *déjà* argumentatif se trouve associé à la négation, la proposition dans laquelle il s'insère semble, à l'instar de (58), appeler une suite du moins implicite :
    (51') ??Il n'a *déjà* pas fait son travail
    Deuxièmement, il est possible de mettre *déjà* en position thématique ici, sans changement de sens :
    (51") *Déjà,* il n'a pas fait son travail, et il va encore se promener

    Dans de telles phrases, *déjà* prend, à notre avis, la négation dans sa portée, et comme la négation prend dans la sienne la proposition entière, *déjà* garde en fait une portée sémantique large, même s'il se trouve dans une position syntaxique intégrée. Les exemples suivants montreront que cela peut également être le cas d'autres adverbes de phrases :

(i) *Heureusement*, elle a surveillé les enfants
(i') Elle a, *heureusement*, surveillé les enfants
(i") Elle a *heureusement* surveillé les enfants
(ii) *Heureusement*, elle n'a pas oublié de surveiller les enfants
(ii') Elle n'a, *heureusement*, pas oublié de surveiller les enfants
(ii") Elle n'a *heureusement* pas oublié de surveiller les enfants

Contrairement aux autres exemples, (i"), sans négation, et sans virgule, a deux lectures : une où *heureusement* reste adverbial de phrase, et une autre, plutôt bizarre, où il revêt la fonction d'adverbial de verbe et ne prend dans sa portée que le participe *surveillé*, et non pas la proposition entière, en analogie avec des exemples comme Elle a <u>étroitement</u> surveillés les enfants. (Dans [i"], on pourrait signaler cette lecture sans ambiguïté en plaçant l'adverbe après le complexe verbal : *?Elle a surveillé les enfants <u>heureusement</u>*). Or, (ii"), avec négation, mais toujours sans virgule, n'a – à l'instar de (ii)-(ii') – qu'une seule lecture, à savoir celle où *heureusement* fonctionne comme adverbial de phrase.

8. Comme l'observe Franckel (op. cit., p. 275), un énoncé comme *C'est déjà moche* présupposerait un contexte assez spécial.
9. Nous tenons à remercier Hanne Korzen et Henning Nølke d'avoir bien voulu nous faire profiter de leurs commentaires sur une version antérieure de ce travail. Il va sans dire qu'ils ne sont aucunement responsables des éventuelles erreurs de la présentation.

Bibliographie

de Beaugrande, R. & W.U. Dressler (1981) : *Introduction to text linguistics*. Longman, Londres.

Blakemore, D. (1987) : *Semantic constraints on relevance*. Blackwell, Oxford.

Borillo, A. (1976) : Les adverbes et la modalisation de l'assertion. *Langue française*, 30, pp. 74-89.

Ducrot, O. (1973) : Les échelles argumentatives. *La preuve et le dire*, Mame, Paris, pp. 225-285.

Fauconnier, G. (1984) : *Espaces mentaux*. Editions de Minuit, Paris.

Franckel, J.-J. (1989) : *Etude de quelques marqueurs aspectuels du français*. Droz, Genève.

Guimier, C. (1998) : Pourquoi peut-on dire *Heureusement que Pierre est parti*, mais pas **Malheureusement que Pierre est parti* ? *Revue de sémantique et pragmatique*, 3, pp. 161-176.

Herweg, M. (1991) : A critical examination of two classical approaches to aspect. *Journal of semantics*, 8, pp. 363-402.

Hoepelman, J. & C. Rohrer (1980) : *Déjà* et *encore* et les temps du passé du français, in : David, J. & Martin, R. (éds.) : *La notion d'aspect*, Centre d'analyse syntaxique, Université de Metz, Metz, pp. 119-143.

Kleiber, G. (1990) : *La sémantique du prototype.* Presses universitaires de France, Paris.
König, E. (1977) : Temporal and non-temporal uses of *noch* and *schon* in German. *Linguistics and philosophy*, 1, pp. 173-198.
Langacker, R. W. (1990) : Subjectification. *Concept, image, and symbol*, pp. 315-342. Mouton de Gruyter, Berlin.
Lyons, J. (1977) : *Semantics*, vol. 2. Cambridge University Press, Cambridge.
Martin, R. (1980) : *Déjà* et *encore* : de la présupposition à l'aspect, in : David, J. & Martin, R. (éds.) : *La notion d'aspect.* Centre d'analyse syntaxique, Université de Metz, Metz, pp. 167-180.
Michaelis, L. A. (1992) : Aspect and the semantics-pragmatics interface : The case of *already. Lingua*, 87, pp. 321-339.
Muller, C. (1975) : Remarques syntactico-sémantiques sur certains adverbes de temps. *Le français moderne*, 43, 1, pp. 12-38.
Nølke, H. (1994) : *Linguistique modulaire : de la forme au sens.* Ecole des Hautes Etudes Commerciales d'Aarhus, Aarhus.
Traugott, E. C. (1990) : From less to more situated in language : The unidirectionality of semantic change, in : Adamson, S., V. Law, N. Vincent & S. Wright (éds) : *Papers from the 5th International Conference on English Historical Linguistics.* John Benjamins, Amsterdam, pp. 496-517.
Traugott, E. C. & J. Waterhouse (1969) : *Already* and *yet* : a suppletive set of aspect markers ? *Journal of linguistics*, 5, pp. 193-320.
Trésor de la langue française, t.6. (1978) : (Dir. par Paul Imbs). Editions du Centre national de la recherche scientifique, Paris.

Acquisition du français parlé.
Une comparaison entre apprenants formels et informels

par

Suzanne Schlyter

1. Introduction

Dans l'enseignement du français parlé, il faut faire bien attention à ce que produisent effectivement les élèves. Il arrive souvent que les enseignants tirent des conclusions à partir de l'écrit quant au niveau de l'oral. Une étude précise d'enregistrements de la langue parlée spontanément est une manière d'observer plus exactement le niveau des élèves. C'est ce qui a été fait ici, en ce qui concerne quelques élèves de français de l'Université de Lund. Mais le projet de recherche présenté ici vise non seulement ce type d'apprenants – des Apprenants Formels (AF) – mais surtout une comparaison entre ceux-ci et des Apprenants Informels (AIF). Ces derniers n'ont pas suivi de cours de français, mais ont acquis le français en France, en écoutant le français parlé et en communiquant avec des francophones.

L'intérêt d'une telle étude est en partie pratique : elle pourrait mieux nous informer sur les différences entre « l'acquisition » et « l'apprentissage », c'est-à-dire sur le rôle de l'input de et l'interaction en milieu naturel par opposition au rôle de l'enseignement : la grammaire, les corrections etc. Dans quelle mesure les règles qu'on enseigne sont-elles effectivement utilisées quand les élèves communiquent en français parlé ? (Pour ces questions, voir par exemple Lighbown & Spada, 1993, ou Ellis, R., 1997.)

Dans ce projet, nous espérons surtout pouvoir dégager certains phénomènes linguistiques qui s'acquièrent mieux en milieu scolaire, avec un enseignement des règles de grammaire etc., et d'autres phénomènes qui s'acquièrent mieux dans une situation d'acquisition non-guidée, avec un input riche et de bonnes occasions de dialogue parlé. Il existe quelques hypothèses concernant de telles différences : Pica (1983), et N.Ellis (1994), Robinson (1996) et d'autres proposent que les règles simples à formuler et à retenir seraient plus faciles à apprendre explicitement, donc par un enseignement. Ainsi, Pica (1983) montre que c'est le cas pour, par exemple, le « -s » pluriel de l'anglais. En revanche, des règles complexes, de nature plutôt graduelle, et donc difficiles à formuler explicitement, seraient plus difficiles à acquérir dans un milieu scolaire et il faudrait plutôt les acquérir dans un milieu naturel, riche en input et interaction verbale.

Une telle étude comparative a aussi un objectif théorique. Nous savons que l'acquisition d'une langue étrangère dépend d'une part de facteurs plutôt « externes » tels que la nature de l'input, l'enseignement des règles, les situations de communication, etc. et d'autre part de facteurs plutôt « internes » tels que la capacité générale à acquérir des langues (le « Language Acquisition Device »). Quelques apects de cette capacité générale sont par exemple : pouvoir saisir ce pour quoi on « est mûr » (cf. la théorie de « processabilité » de Pienemann, 1998), faire des analogies, créer des règles implicites etc. La théorie qui privilégie ces facteurs « internes » et n'attribue presque aucune importance à l'input ou la situation extérieure est la théorie chomskyenne de la Grammaire Universelle. D'après celle-ci on prédirait, pour n'importe quelle situation d'acquisition – donc entre autres pour ces deux groupes d'apprenants – qu'il n'y aurait pratiquement pas de différences dans la manière d'acquérir la langue.

Ce sont donc là quelques considérations pratiques et théoriques qui m'ont incitée à débuter le projet de recherche qui sera présenté ici.

2. Apprenants, méthodes de recherche
Ce projet de recherche consiste en une série d'études effectuées sur les deux corpus suivants, qui consistent en dialogues avec des suédophones adultes qui acquièrent le français comme langue étrangère :

– un corpus de 21 enregistrements de 7 Apprenants Informels (Björn, Sara, Petra, Martin, Karl, Johan, Knut), effectués 2 à 5 fois par personne, à deux mois d'intervalle environ. Ces apprenants ont acquis le français pendant un séjour en France, et ils n'ont pratiquement pas suivi d'enseignement du français ;

– un corpus de 35 enregistrements de 7 Apprenants Formels (Lisa, Sama, Nina, Ylva, Randi, Lena, Nanna), enregistrés 5 fois chacun, avec un mois d'intervalle. Ces apprenants ont appris le français pendant six ans à l'école, par des méthodes traditionnelles. Ils n'ont jamais séjourné dans un pays francophone plus d'une à deux semaines environ, et seulement en tant que touristes.

Ces deux types d'apprenants sont comparables en ce sens que la plupart d'entre eux ont 19-24 ans, sont de classe moyenne, ont appris l'anglais à l'école, et ont passé le baccalauréat suédois. Ils ont été interviewés pendant 30-40 minutes environ chaque fois. Les interviews ont été faites de la même manière dans les deux groupes : chaque interview consiste d'une part en un entretien relativement libre, où l'intervieweur pose des questions sur la vie personnelle de l'apprenant, ce qu'il a fait ces derniers temps, ou compte faire bientôt, etc. ; d'autre part en des tâches spécifiques : raconter le Petit Chaperon Rouge, raconter une histoire à partir d'images, décrire des itinéraires, faire une traduction spontanée, etc.

Pour comparer le niveau de français des apprenants à chaque enregistrement, nous nous sommes servis au début de jugements intuitifs. Mais au fur et à mesure qu'avancent les analyses, nous pouvons constater que la maîtrise des formes verbales sert assez bien à comparer le niveau des apprenants entre eux, et s'avère bien être en corrélation avec les jugements intuitifs. Il est important de noter qu'il s'agit d'une étude longitudinale, ce qui permet – bien mieux que des enregistrements isolés – de placer l'apprenant à un niveau spécifique à chaque enregistrement.

3. Observations : verbes, négations, pronoms d'objet

Je montrerai ici quelques résultats des études faites jusqu'à présent, en ce qui concerne les ressemblances et les différences entre les apprenants des deux groupes. La question initiale a simplement été : où trouve-t-on des ressemblances dans le développement grammatical de ces deux groupes ? Où trouve-t-on des différences ?

3.1. Formes verbales dans une traduction (étude pilote).
La première étude (présentée à Eurosla 7, à Barcelone) se concentre sur les formes verbales utilisées dans une traduction orale spontanée. L'original suédois était au « prétérit », unique temps du passé dans les récits suédois, ce qui pose des problèmes pour les traduire avec le passé composé ou l'imparfait. Les 7 Apprenants Formels (qui ne sont pas les mêmes que ceux étudiés par ailleurs dans ce projet) ont été jugés avoir un niveau assez semblable aux 5 Apprenants Informels (Knut, Karl, Martin, Johan, Petra – tous vers la fin de la période étudiée).

Le résultat (voir Tableau 1) montre une grande ressemblance entre les deux groupes, surtout en ce qui concerne le passé composé, que tous les apprenants maîtrisent relativement bien. En revanche, on trouve des différences dans l'utilisation des désinences entre les deux groupes, de telle sorte que les Apprenants Formels maîtrisent mieux l'imparfait, alors que les Apprenants Informels utilisent plutôt le présent dans les mêmes situations. Exemples :

Apprenants Informels :
> *il a vu un chien qui vient vers lui*

Apprenants Formels :
> *il a vu un chien qui venait vers lui*

Les Apprenants Formels surgénéralisent aussi l'imparfait, ce qui n'est pas le cas des Apprenants Informels. Exemples :

Apprenants Informels :
> « *Le fleuve vient de la montagne* » *il a pensé*

Apprenants Formels :
> « *Le fleuve vient de la montagne* » *il pensait*

Tableau 1. *Formes verbales attendues et effectivement utilisées par 7 AF et 5 AIF dans une traduction orale.*

Forme attendue (soulignée) et utilisée	Appr Formels tot	pro indiv	Appr Informels tot	pro indiv
Passé composé				
PC	186	24	111	22
IMParfait*	37	4,6	13	2,6
PPF*	4	0,5	9	2
présent*	16	2	17	3
infinitif*	5	0,6	5	1
Imparfait				
IMParfait	85	*11*	25	5
PC*	27	3	15	3
présent*	14	2	25	5
autres formes	–	–	3	–

Futur				
FUTur Proche	6	0,8	4	0,8
FUTur Simple	3	*0,4*	–	–
MOD+INFin	3	0,4	2	0,4
présent*	8	1	5	1
MODALimpf+INF				
MODimpf+INF	21	*3*	5	1
MODprs+INF*	5	0,6	11	*2*
cond,cond+INF*,FutS	7	*0,9*	–	–
Plus-que-parfait				
PPF	7	*1*	1	–
PC*	1	–	2	–

Légende :
tot = nombre total de formes utilisées dans le groupe ;
pro indiv = nombre moyen de formes utilisées par individu ;
PC = passé composé ; PPF = plus-que-parfait ; MOD+INF = verbe modal + infinitif ; MODimpf = verbe modal à l'imparfait ; MODprs = verbe modal au présent ; cond = conditionnel

Ces chiffres sont à lire de la façon suivante : si les apprenants traduisent chaque phrase exactement et correctement, on trouvera chez chaque apprenant exactement le même nombre de formes pour un même temps. Une différence indique ou bien qu'ils ont sauté une phrase ou un verbe, ou bien qu'ils ont traduit la forme verbale d'une autre manière. (Un astérisque après le nom d'une forme utilisée indique qu'elle est incorrecte ici.) Ce qui dévie entre les groupes a été indiqué en italiques.

On peut remarquer ici que ce ne sont pas seulement les Apprenants Informels qui utilisent l'infinitif pour le présent (type : il boire, j'étudier), ce qui est bien connu (voir par exemple Dietrich, Klein & Noyau, 1993), mais c'est aussi le cas pour les Apprenants Formels.

La ressemblance entre les deux groupes est donc assez grande, mais il existe des différences systématiques. Le fait que les Apprenants Formels utilisent les désinences plus que les Apprenants Informels peut, éventuellement, être dû à ce qu'on leur a enseigné ces formes à l'école (question qui sera discutée plus en détail ci-dessous).

3.2. Formes verbales dans « Le petit Nicolas ».

Les deux types d'apprenants – en revenant au groupe central dont il est question ici – ont ensuite été comparés en ce qui concerne leur utilisation des formes verbales dans la tâche de raconter une petite histoire d'après une série d'images (un petit garçon grondé par sa mère veut partir, mais passant devant la cuisine où elle fait des gâteaux, il change d'avis et fait demi-tour).

Ces apprenants ont été regroupés dans deux niveaux, bas et haut, d'après l'impression générale. Les apprenants formels de haut niveau n'ont pas été analysés ici, sauf Nina. D'après nos impressions, les deux types apprenants de bas niveau ont grosso modo le même niveau.

Tableau 2.
Formes verbales chez les AIF et les AF dans un récit d'après images.

A) Apprenants Informels, bas niveau :

Apprenant	Björn1	Björn2	Sara2	Martin1	Petra1
verbes occurr	14	14	21	10	13
Présent %	79%	79%	71%	80%	54%
erreurs %	14%	14%	19%	20%	31%

(Moyens : verbes occ 14 ; Présent 73% ; *erreurs 20%*)

B) Apprenants Informels, haut niveau :

Apprenant	Martin2	Johan2	Karl2	Knut1
verbes occurr	13	20	17	18
Présent %	46%	60%	53%	72%
erreurs tot %	31%	25%	24%	11%

(Moyens : verbes occ 17 ; Présent 58% ; *erreurs 23%*)

C) Apprenants Formels, bas niveau + Nina, haut niveau :

Apprenant	Lisa2	Nanna2	Randi2	Nina2
verbes occurr	12	15	16	11
Présent %	42%	40%	37%	90%
erreurs tot %	50%	40%	38%	10%

(Moyens : verbes occ 13 ; Présent 52% ; *erreurs 35%)*

Les apprenants utilisent des formes assez semblables – il y a beaucoup de formes d'infinitif pour le présent (dans les deux groupes par exemple « il rester »), d'autres verbes figurent plutôt dans la forme du passé composé (dans les deux groupes par exemple « il a changé »), mais généralement les apprenants utilisent le présent dans leurs récits.

Ce qui est le plus frappant ici, c'est que les Apprenants Formels (à l'exception de Nina) font nettement plus d'erreurs que les Apprenants Informels. Cela va donc complètement à l'encontre de l'idée très répandue que les élèves qui ont suivi l'école parlent plus correctement que les apprenants en milieu naturel.

Il faut évidemment s'arrêter sur ces erreurs et étudier leur caractère, leur cause etc., avant de pouvoir juger si elles indiquent un développement plus avancé ou non.

3.3. Formes verbales dans les enregistrements entiers.

Plus tard, quand la plupart de ces enregistrements ont été transcrits, la maîtrise des formes verbales a plus généralement été étudiée. On sait depuis longtemps (cf. Dietrich, Klein & Noyau, 1993) que les apprenants de français ont des problèmes pour distinguer la « forme courte » du type « parle » (utilisée en français surtout pour le présent, donc une forme finie) de « la forme longue » du type « parler/ parlé/ parlait » (écrite ici comme « parlE ») ou d'autres formes infinies du type « prendre/ pris » etc. L'utilisation fonctionnelle d'une telle opposition entre forme finie/ forme infinie a été quantifiée chez les deux types d'apprenants. On peut observer qu'on trouve là un bon indice de développement, étant donné que les apprenants les moins avancés (d'après les jugements intuitifs et d'après d'autres critères) utilisent beaucoup de verbes (types) dans une forme invariable, indépendamment de la fonction, par exemple :

j'étudiE / pour étudiE

La quantification de ces oppositions se révèle au Tableau 3. Les chiffres avant le « / » indiquent le nombre de verbes (types) pour lesquels l'apprenant oppose les catégories « fini » et « infini », et les chiffres après le « / » indiquent les verbes (types) qui en revanche ont une forme invariable pour plusieurs fonctions (ou dont la répartition forme-fonction est tellement aléatoire qu'on ne doit pas considérer l'opposition comme acquise). On n'a donc calculé que les cas où un même verbe figure aussi bien dans un contexte +fini que dans un contexte -fini (pour le principe, voir par exemple Pienemann, 1998).

Tableau 3. *+/-Fini : le nombre de verbes-types différents en « opposition » ou « opposition partielle » / le nombre de verbes-types en « variation aléatoire » ou « sans opposition ».*

AF	AF	AIF	AIF	AIF	AIF
Li1 4/<u>7</u>				Jo1 <u>3</u>/7	
Li2 <u>3</u>/7	Sa1 6/1		Pe1 2/<u>10</u>	Jo2 <u>5</u>/7	
Li3 2/2	Sa2 2/<u>3</u>	Ma1 ½	Pe2 7/7	Jo3 <u>3</u>/7	
-------	-------	-------	-------	Jo4 7/7 --	Ka1 9/9 --
Li4 <u>7</u>/6	Sa3 <u>11</u>/3	Ma2 <u>9</u>/7			Ka2 <u>8</u>/3
Li5 <u>4</u>/3	Sa4 7/7	Ma3 <u>8</u>/4			Ka3 <u>16</u>/2
	Sa5 <u>7</u>/-				
Yl1 <u>5</u>/3					Kn1-2 <u>12</u>/2
Yl2 <u>3</u>/1	Ni1 <u>9</u>/-				Kn3 <u>18</u>/1
Yl3 <u>1</u>/-	Ni2 <u>7</u>/2 ?				
Yl4	Ni3 <u>6</u>/-				
Yl5 <u>5</u>/-	Ni4 <u>6</u>/1				
	Ni5 9/-				
	Ni6				

Ce que montre ce tableau, c'est que chaque enregistrement de ces apprenants se place sur une échelle entre peu de maîtrise de cette opposition (donc, le nombre des verbes invariables, à droite de « / » est plus élevé) – ce qui est le cas des enregistrements au-dessus de la ligne tracée au milieu – et une meilleure maîtrise de cette opposition.

On peut alors observer
- d'une part, que la plupart des apprenants, AF ou AIF (Ylva, Sama, Martin, Karl) améliorent peu à peu la maîtrise de ces formes et passent d'une majorité de verbes à forme invariable à une majorité de verbes aux formes opposées ;
- d'autre part, que la maîtrise de ces formes est distribuée de manière assez égale entre les deux groupes. Nina (AF) maîtrise presque parfaitement ces formes, qu'elle a apprises à l'école, mais aussi Knut (AIF) – qui n'a pourtant pas suivi de cours de français. Johan (AIF) et Lisa (AF) ne font pratiquement pas de progrès, et cela malgré le fait que Lisa ait appris explicitement ces formes à l'école et à l'université.

On trouve là donc un exemple qui s'oppose à l'idée que l'enseignement des formes verbales à l'école joue un rôle important pour que l'apprenant puisse les utiliser correctement dans la langue parlée spontanée.

Acquisition du français parlé

Une étude du même type, mais sur la capacité à marquer le passé par PC ou IMPF, donne un résultat semblable. Les apprenants utilisent en grand nombre des énoncés du type :

    il joue   (pour « il a joué »)

    c'est beaucoup de traduction (pour « c'était ... »)

Il n'y a pratiquement pas de différence entre les apprenants, qu'ils aient appris ces formes pendant 6 ans à l'école (et à l'université) ou non.

Tableau 4. *+/- Passé : le nombre de verbes-occurrences marqués pour le passé (par PC ou Impf) / le nombre de verbes-occurrences non-marqués (ayant la forme du présent ou de l'infinitif. Les formes ambigües en -E sont exclues).*

AF	AF	AIF	AIF	AIF
		Ma1 1/<u>19</u>		
Li1 25/<u>30</u>				
Li2 25/<u>31</u>				
Li3 24/<u>52</u>	Sa1 8/2		Pe1 3/1	Ka1 13/<u>24</u>
Li4 <u>14</u>/12	Sa2 <u>15</u>/17	Ma2 <u>15</u>/10	Pe2 <u>29</u>/14	Ka2 <u>16</u>/14
Li5 <u>31</u>/30	Sa3 <u>14</u>/11	Ma3 <u>13</u>/6		Ka3 <u>100</u>/8*
	Sa4 <u>16</u>/8			Ka4 <u>43</u>/15
	Sa5 <u>50</u>/1			
	Ni1 <u>18</u>/-			Ka5 <u>10</u>/-
	Ni2 <u>33</u>/9			
	Ni3 <u>6</u>/-			Kn1 <u>27</u>/-
	Ni4 <u>20</u>/2			Kn2 <u>30</u>/1
	Ni5 <u>66</u>/1			Kn3 14/-
	Ni6 <u>55</u>/6			

(*Karl a aussi 29 V-E)

Nous observons que, presque simultanément avec l'opposition +/-fini, ou un peu après (ce qui dépend des critères utilisés, évidemment) les apprenants de ces deux types apprennent aussi à marquer le passé par des formes verbales. Comme pour l'opposition +/- fini, il n'y a pas de différences entre les deux groupes. Cela est d'autant plus étonnant que ces Apprenants Formels disent tous avoir fait énormément d'exercices grammaticaux sur le passé composé et l'imparfait. Apparemment, l'enseignement des règles explicites n'implique pas la production spontanée de ces formes dans une situation communicative.

3.4. Pronoms d'objet.

En ce qui concerne les pronoms d'objet, on peut penser que – à la différence du système complexe des verbes – ce sont là des formes qui sont mieux apprises à l'école qu'en milieu naturel. Abstraction faite des pronoms doubles du type « le lui » etc., la règle pour le placement de ces pronoms est facile à formuler et devrait être assez facile à retenir.

On observe chez les Apprenants Informels des erreurs très frappantes en ce qui concerne ce phénomène, et ils suivent un itinéraire d'acquisition assez net (voir Schlyter, 1997), selon les stades suivants :

Stade 1 :
l'apprenant place le pronom, sous forme forte normalement, après le verbe. Exemples :

   Petra 1 :   *il dit _moi_ (=il me dit)/ *il dit _lui_ (=il lui dit)
   Martin 1 : *c'est intressant (sic) pour attendre _lui_
      (=c'était intéressant de l'entendre/atteindre)

Stade 2 :
l'apprenant place les pronoms, souvent sous forme forte, entre auxiliaire et verbe, et non seulement correctement après l'auxiliaire modal, mais aussi incorrectement après l'auxiliaire temporel. Exemples :

   Karl 2 :   je peux _le_ faire ...
      *je / j'ai / j'ai _le_ vu (=je l'ai vu)
   Petra 2 :   il faut _le_ faire
      *il a _lui_ assis.. (=il s'est assis)
   Martin 2 : *il a _lui_ monté la branche devant ses pieds

Stade 3 :
les objets clitiques sont placés correctement, également devant l'auxiliaire temporel (je _l'_ai vu – chez Karl 4-5 et Knut 3). On pourrait s'attendre à ce que les Apprenants Formels, après s'être entraînés pendant des années sur ces formes, ne commettent pas ce type d'erreurs, et utilisent à ce niveau la position correcte. Ce n'est pourtant pas toujours le cas : l'apprenant formel le moins avancé, Lisa, utilise souvent, et pendant plusieurs mois, les structures du stade 1, par exemple :

   Lisa2 :   *il dit _nous_ : ça suffit ! (=il nous dit)
      ?*je crois _ça_ (=je le crois)

D'autres AF utilisent la forme « ça », ce qui permet de garder l'ordre Sujet-Verbe-Objet sans que cela sonne trop nettement déviant. Exemples :

   Ylva2 :   ?*je ne sais pas _ça_ (=je ne le sais pas)
      ?*je crois _ça_ (=je le crois)

Acquisition du français parlé 189

Pourtant, on voit des différences ici entre les deux groupes : les Apprenants Formels n'ont presque pas de structures typiques du stade 2, et ils semblent acquérir la place et la forme correcte de ces pronoms un peu plus tôt que les Apprenants Informels – si l'on prend la proportion des formes verbales comme mesure. Les Apprenants Informels abandonnent ces structures, et passent au stade 2, à peu près au même moment que leurs formes verbales commencent à être marquées (donc là où la ligne pointillée a été tirée dans les tableaux 3)-4). En revanche, les Apprenants Formels utilisent ces pronoms d'objet clitiques, antéposés, un peu plus tôt que ce niveau dans le développement.

3.5. Négations.
Dans le domaine de la négation on voit très nettement une différence entre les deux groupes :
a) les Apprenants Formels ne laissent pas tomber le « ne » de la négation, comme le font souvent les Apprenants Informels ;
b) les Apprenants Formels utilisent régulièrement « ne » comme seul élément de négation, par exemple :

je ne comprends tout

ce qui est rare chez les Apprenants Informels.

Tableau 5. *Négation avec et sans « ne » chez les Apprenants Informels (AI) et Formels (AF)* :

	« pas » seul	« n(e)...pas »	« ne » seul
AI :			
Petra	26 (52%)	22 (44%)	1 (2%)
Martin	84 (95%)	4 (4%)	– –
Karl	75 (57%)	57 (43%)	– –
Knut	81 (64%)	41 (32%)	5 (3%)
Johan	5 (7%)	60 (90%)	1 (1%)
AF :			
Sama	7 (8%)	71 (80%)	11 (12%)
Lisa	12 (18%)	53 (78%)	3 (4%)
Ylva	3 (4%)	64 (90%)	4 (6%)
Randi	25 (21%)	90 (74%)	6 (5%)
Nina	13 (29%)	32 (71%)	– –

De cette manière, les Apprenants Formels produisent des énoncés nettement incorrects, par exemple :

Lisa 1 : *je ne achète mais je ?*

alors que les Apprenants Informels sont toujours corrects, au moins par rapport à la norme du français parlé. De plus, ils observent bien les proportions typiques des formes avec et sans « ne » du français parlé.

3.6. Subordinations.

Une brève étude à l'université de Lund (Lindeberg, 1998) montre une grande similitude entre les deux types d'apprenants en ce qui concerne la subordination. L'auteur avait pourtant prédit une plus grande maîtrise chez les Apprenants Formels. Une différence qu'elle a pu observer est que l'Apprenante Formelle (Lisa) n'omettait pas « que » comme le faisait l'Apprenante Informelle (Petra) – « **je crois il a fait* ». Est-ce là un résultat de l'enseignement et des corrections fréquentes de ce type d'erreurs ?

4. Discussion

Cette série d'études montre une grande ressemblance entre le français parlé des Apprenants Formels (= d'école) et celui des Apprenants Informels (= de milieu naturel) en ce qui concerne l'acquisition des formes verbales, la subordination et les pronoms d'objet. Ceci est d'autant plus étonnant que les situations d'apprentissage sont radicalement différentes : enseignement de ces formes à l'école pour les AF, absence d'enseignement pour les AIF, différences dans l'input et l'interaction. Apparemment, des facteurs « internes » jouent un rôle très important dans l'acquisition de la langue parlée.

Mais on a aussi pu constater certaines différences dans le développement des deux types d'apprenants :

a) les Apprenants Formels maîtrisent mieux, à un niveau comparable, les désinences des verbes (de l'imparfait, du plus-que-parfait et du futur simple) que les Apprenants Informels ;

b) les Apprenants Formels acquièrent un peu plus tôt que les Apprenants Informels la place et la forme des pronoms d'objet clitiques ;

c) les Apprenants Formels ne semblent pas omettre « que » devant les propositions subordonnées ;

d) les Apprenants Informels utilisent « ne...pas » ou « pas » seul plus en accord avec le français standard parlé que les AF, qui surgénéralisent « ne ».

Comment rendre compte de ces ressemblances et différences ?

A) Complexité.
Les règles des formes verbales en français sont extrêmement complexes – surtout en français parlé, où elles sont en plus très différentes de celles du français écrit (qui sont normalement enseignées à l'école) voir Csécsy, 1968. Cela nous incite à proposer, de la même manière que Pica (1983) et N.Ellis (1994), qu'il s'agit là d'un système trop complexe pour être enseigné explicitement, et qu'il faut que ce système « mûrisse » chez l'apprenant, avec beaucoup d'exposition à la langue cible. D'autre part, des règles simples comme « placez le pronom d'objet devant le verbe » ou « n'omettez pas 'que' devant une subordonnée » sont des règles faciles à retenir et donc utilisables même dans la langue parlée et la conversation libre.

B) Input oral ou écrit.
La distribution des formes négatives, « ne » chez les Apprenants Formels et « pas » chez les Apprenants Informels, indique que non seulement l'enseignement des règles est en jeu, mais aussi les différences du type d'input : les Apprenants Informels sont exposés surtout à un input oral (à la télé, radio, les francophones autour d'eux), où « ne » est souvent omis, alors que les Apprenants Formels sont exposés dans leurs manuels et textes de français surtout à l'input écrit, où « ne » n'est jamais omis mais est parfois la seule négation

Cette différence peut aussi, éventuellement, rendre compte d'autres différences : les pronoms d'objet clitiques sont extrêmement difficiles à percevoir dans la langue parlée – on n'entend pas de différence entre « il l'a fait / il a fait » et dans beaucoup d'autres cas de ces pronoms devant un auxiliaire. Éventuellement, c'est le cas aussi pour la conjonction « que ».

C) Typologie des langues : type « suffixal » vs « préfixal ».
Pourtant, les hypothèses A) et B) n'expliquent pas très bien la différence entre les deux groupes de la première étude, qui montre que les désinences sont mieux acquises par les Apprenants Formels.

Une hypothèse de travail de ce projet – qui reste pourtant à confirmer par plusieurs études encore – concerne la différence typologique entre le français parlé et le français écrit : le français écrit est caractérisé par les désinences, et généralement l'information la plus lourde « à gauche » : négation préposée, éventuellement des inversions dans l'ordre des mots, etc. Ainsi le français écrit s'apparente aux stades historiquement antérieurs du français (et aux autres langues romanes comme l'italien ou l'espagnol). En revanche, la langue française parlée actuellement est caractérisée par la préfixation, et les éléments les plus lourds « à droite » : les notions grammaticales sont généralement marquées par des articles ou des auxiliaires, la négation se trouve placée après le verbe fini, et il n'y a pratiquement plus d'inversions sujet (clitiques) – verbe. Chez les enfants, on a observé qu'ils sont souvent sensibles à la typologie, i.e. au type de la langue cible. Étant donné les grandes similitudes entre AL1 et AL2, on peut proposer un principe semblable aussi pour AL2. Or, il s'est avéré que les enfants francophones (ou bilingues à dominance francophone) acquièrent vite ces préfixations, alors que les désinences mettent longtemps à apparaître – à la différence des enfants suédophones, qui acquièrent une langue de caractère plutôt suffixal (voir Schlyter, 1995). Il n'est donc pas impossible que ces Apprenants Informels, exposés au français parlé, soient sensibles au type « préfixal » du français parlé, d'une manière semblable aux enfants francophones. En revanche, les Apprenants Formels, exposés au français écrit, peuvent saisir plutôt le caractère « suffixal » de l'input.

D) Enseignement.
Si l'on trouve que les différences entre Apprenants Formels et Informels ne résident pas essentiellement dans l'enseignement des règles, mais plutôt dans la différence de l'input, dans ce cas on arrive à un résultat qui montre le rôle prépondérant des facteurs « internes ». Cela peut sembler assez décourageant pour le professeur de français, qui se fie à l'enseignement explicite des règles de grammaire. Mais il ne faut pourtant pas oublier que l'enseignement des règles de grammaire est nécessaire pour l'écrit, et que les enfants francophones consacrent encore beaucoup plus de temps que nos élèves à apprendre à rédiger des textes écrits. Néanmoins, il faut se poser sérieusement la question si l'enseignement que nous faisons est vraiment favorable au développement du français parlé, et s'il faut essayer d'intégrer dans l'enseignement, comme le proposent par exemple Lighbown & Spada (1993), ou Ellis, R. (1994) plus de moments d'« acquisition naturelle ». La sensibilité à la structure de l'input indique aussi qu'on peut travailler à mieux mettre en relief celle-ci, et surtout qu'on peut améliorer la quantité et la qualité d'input ainsi que les possibilités de négocier l'input dans de nombreux dialogues – ce que font évidemment déjà un grand nombre de professeurs expérimentés.

Suzanne Schlyter
Université de Lund

Bibliographie
Csécsy, M. (1968) : *De la linguistique à la pédagogie. Le verbe français.* Hachette /Larousse, Paris.
Dietrich, R., Klein, W. & Noyau, C. (1995) : *The Acquisition of Temporality in a Second Language.* Benjamins, Amsterdam.

Ellis, N.(1994) : *Implicit and Explicit Learning of Languages*. Academic Press, London.
Ellis, R. (1997) : *SLA research and Language Teaching*. Oxford University Press, Oxford.
Lighbown, P. & Spada, N. (1993) : *How Languages are Learned*. Oxford University Press, Oxford.
Lindeberg, J. (1999) : *La subordination dans l'acquisition guidée et non-guidée. Mémoire de 60 points*. Institut d'Études Romanes, Université de Lund.
Pica, T. (1983) : Adult acquisition of English as a second language under different conditions of exposure. *Language Learning*, 33.
Pienemann, M. (1998) : *Language Processing and Second Language Development : Processability Theory*. Benjamins, Amsterdam.
Robinson, P. (1996) : *Consciousness, rules, and instructed second language acquisition*. Peter Lang, Bern.
Schlyter, S.(1995) : Morpho-prosodic schemata in Swedish and French bilingual acquisition, in : Pishwa. H. & K. Maroldt (éds.) : *The Development of Morphological Systematicity. A Cross-Linguistic Perspective*. Narr, Tübingen.
Schlyter, S. (1997) : Formes verbales et pronoms d'objets chez des apprenants adultes de français en milieu naturel, in : Martinot, Cl. (éd.) : *Actes du Colloque International sur l'Acquisition de la Syntaxe en Langue Maternelle et en Langue Étrangère*. Annales Littéraires de l'Université de Franche-Comté, Paris.
Schlyter, S. (à paraître) : Verbes et négations chez des apprenants suédophones de français, in : Véronique, D. (éd.) : *La négation en L1, en L2 et en pathologie du langage*. Presses de la Sorbonne Nouvelle, Paris.